Ursula H. Werling

Das Mitarbeitergespräch in sozialen Einrichtungen

Ursula H. Werling

Das Mitarbeitergespräch in sozialen Einrichtungen

Eine empirische Studie

VDM Verlag Dr. Müller

Bibliografische Information der Deutschen Nationalbibliothek:
Die Deutsche Nationalbibliothek verzeichnet diese Publikation in der Deutschen
Nationalbibliografie; detaillierte bibliografische Daten sind im Internet über
http://dnb.d-nb.de abrufbar.

Copyright © 2007 VDM Verlag Dr. Müller e. K. und Lizenzgeber
Alle Rechte vorbehalten. Saarbrücken 2007
Kontakt: info@vdm-buchverlag.de
Coverbild: Copyright www.PureStockX.com
Covererstellung: Marc Geber

Herstellung: Schaltungsdienst Lange o.H.G., Berlin

ISBN: 978-3-8364-0392-4

Inhaltsverzeichnis

1	**Einleitung**	4
2	**Personalführung in sozialen Einrichtungen**	6
2.1	Definition sozialer Einrichtungen	6
2.2	Das Sozial- und Personalmanagement in sozialen Einrichtungen	7
2.3	Geschlechtsspezifische Aspekte von Leitungsverhalten	10
2.4	Kommunikation als Führungsaufgabe in sozialen Einrichtungen	13
2.5	Die Rechte des Betriebsrats in der Personalführung	15
2.5.1	Begriffsbestimmung und Überblick	15
2.5.2	Die Informations- und Mitbestimmungsrechte	17
2.5.3	Das Recht auf (Personal-) Akteneinsicht	19
3	**Führen durch Mitarbeitergespräche**	21
3.1	Begriffsbestimmung Mitarbeitergespräch	22
3.2	Struktur und Inhalte des Mitarbeitergesprächs	22
3.3	Definition des Mitarbeitergesprächs	23
3.4	Funktionen von Mitarbeitergesprächen	24
3.4.1	Der Aspekt der Personalführung	24
3.4.2	Der Aspekt der Personalentwicklung	25
3.4.3	Der Aspekt der Organisationsentwicklung	27
3.5	Ablauf eines Mitarbeitergesprächs	28
3.5.1	Die Gesprächsvorbereitung	28
3.5.2	Die Durchführung	30
3.5.3	Die Nachbereitung	33
3.6	Zielvereinbarungen	33
3.7	Die Dokumentation von Mitarbeitergesprächen	36
4	**Empirische Sozialforschung**	39
4.1	Grundlagen der empirischen Sozialforschung	39
4.2	Die Methode der Befragung	40
4.3	Theoretische Grundlagen des Telefoninterviews	43
4.3.1	Geschichtliche Entwicklung der Telefonbefragung	43
4.3.2	Die Auswahlverfahren der Telefonnummern	45
4.3.3	Durchführungstechniken und Fragebogenkonstruktion	46
4.3.3.1	Durchführungstechniken	46
4.3.3.2	Fragebogenstruktur	48

5	**Eigene empirische Untersuchung**	**50**
5.1	Gegenstand der Erhebung	50
5.2	Vorbereitung der Telefonbefragung und Pretest	51
5.2.1	Vorbereitung der Telefonbefragung	51
5.2.2	Der Pretest	52
5.3	Der Aufbau des Fragebogens	53
5.4	Die Auswertung der Daten	56
5.4.1	Auswertung A) Allgemeine Fragen zum Mitarbeitergespräch	56
5.4.2	Auswertung B) Fragen zum zuletzt geführten Mitarbeitergespräch	61
5.4.3	Auswertung C) Fragen zum zuletzt geführten Mitarbeitergespräch in der Rolle als Mitarbeiter/in	67
5.4.4	Auswertung D) Frage zum Führungsverhalten von männlichen und weiblichen Führungskräften	76
5.4.5	Auswertung E) Statistische Daten	76
5.4.5.1	Einrichtungsbezogene Daten	76
5.4.5.2	Personenbezogene Daten	78
5.5	Interpretation und Konsequenzen	81
6	**Zusammenfassung**	**88**
Anhang		**92**

1 Einleitung

Als Diplom-Sozialpädagogin (FH) bin ich in der MädchenZuflucht des Mädchen-Hauses Mainz in der Trägerschaft von FemMa e.V. beschäftigt[1]. Dort bin ich mit zwei weiteren Frauen im geschäftsführenden Vorstand tätig und somit für die Personalführung in der Einrichtung verantwortlich. Daraus entstand ein eigenes Interesse, mich mit der Thematik des Mitarbeitergesprächs auseinander zu setzen. Mich interessierte der theoretische Hintergrund des Mitarbeitergesprächs - war das Mitarbeitergespräch wirklich so gut wie sein Ruf? Welche Merkmale kennzeichnen ein gutes Mitarbeitergespräch? Ebenso interessierte mich, ob und wie soziale Einrichtungen das Mitarbeitergespräch führen bzw. dieses Instrument nutzen. Ich hörte mich bei Freunden und Bekannten um, um zu erfahren, welche Erfahrungen sie mit diesem Personalführungsinstrument gemacht hatten. Die Resonanz war für mich sehr unbefriedigend: Rein theoretisch wusste jede/r was ein Mitarbeitergespräch ist und dass man es eigentlich führen sollte. Aber es waren nur wenige, die Positives zu berichten wussten. Somit war die Idee entstanden, eine empirische Untersuchung zu dem Personalführungsinstrument Mitarbeitergespräch durchzuführen.

Um sich der Thematik zu nähern, wird zuerst auf das Sozial- und Personalmanagement eingegangen. Die Personalführung gilt bei Führungspraktikern/innen als die wichtigste Funktion des Personalmanagements, hierbei werden die spezifische Personalstruktur in sozialen Einrichtungen betrachtet und geschlechtsspezifische Aspekte von Leitungsverhalten näher beleuchtet. Da die Kommunikation in der Personalführung von zentraler Bedeutung ist, wird deshalb anschließend von der Kommunikation als Führungsaufgabe gesprochen. Gesprächsanlässe in sozialen Einrichtungen sind vielfältig und werden als Überblick dargestellt. Die rechtlichen Rahmenbedingungen des Betriebsrats als Vertretungsorgan der Mitarbeitenden runden das Kapitel über die Personalführung in sozialen Einrichtungen ab.

Das dritte Kapitel beschäftigt sich mit dem Personalführungsinstrument Mitarbeitergespräch, das in der Literatur von Kießling-Sonntag (2000, S. 238) als

---

[1] Nähere Informationen zum MädchenHaus Mainz können auf der Homepage unter www.maedchenhaus-mainz.de nachgelesen werden.

die „Königsdisziplin der Kommunikation mit Mitarbeitern" beschrieben wird. Nach der Sichtung der gängigen und aktuellen Literatur wird daraus eine Definition abgeleitet und das Mitarbeitergespräch von anderen Gesprächs-formen abgegrenzt. Die verschiedenen Funktionen des Mitarbeitergesprächs im Hinblick auf Personalführung, -entwicklung und Organisationsentwicklung werden ebenso vorgestellt, wie der Ablauf eines Mitarbeitergesprächs. Da Zielvereinbarungen ein Bestandteil des Mitarbeitergesprächs sind, wird auch auf die Wichtigkeit der Zielvereinbarung und die Zielsetzung eingegangen.

Das vierte Kapitel stellt die theoretischen Grundlagen der empirischen Sozial-forschung dar, die für meine eigene Erhebung relevant und als theoretisches Hintergrundwissen wichtig sind, um die empirische Erhebung (fünftes Kapitel) leichter nachvollziehen zu können. Das Telefoninterview wird als eine Methode der Befragung dargestellt, und es wird gezeigt, wie es sich geschichtlich entwickelt hat, was bei der Durchführung am Telefon sowie bei der Konstruktion des Fragebogens zu beachten ist.

Das fünfte Kapitel beginnt mit den Vorbereitungen für die Erhebung. Dabei werden die vorangegangenen theoretischen Erläuterungen inhaltlich in die Fragestellungen der eigenen empirischen Untersuchung integriert. Zentrale Fragestellungen sind:

- Werden Mitarbeitergespräche in sozialen Einrichtungen eingesetzt?
- Zeigen sich bei der Durchführung von Mitarbeitergesprächen hinsichtlich verschiedener Merkmale Unterschiede?

Nach Darstellung des Erhebungsverfahrens findet die Auswertung und Inter-pretation unter Einbeziehung der vorangestellten theoretischen Grundlagen statt.

Grundsätzlich werden in der vorliegenden Arbeit sowohl die männliche als auch die weibliche Form benutzt. Die einzige Ausnahme bildet wegen der flüssigeren Lesbarkeit das Wort „Mitarbeitergespräch", das sich aber natürlich auf das Führen von Mitarbeitergesprächen mit Männern und Frauen bezieht.

2   Personalführung in sozialen Einrichtungen

2.1   Definition sozialer Einrichtungen

Bevor näher auf die Personalführung in sozialen Einrichtungen eingegangen wird, soll der Begriff der „sozialen Einrichtung" näher betrachtet werden. Die Begriffe „soziale Einrichtung" und „soziale Organisation" werden im Allgemeinen synonym verwendet.

Als soziale Organisationen werden Organisationen des Sozial- und Gesundheitswesens bezeichnet (vgl. Lotmar & Tondeur, 1999, S. 54). Das Attribut „sozial" bezieht sich auf diesen Sektor der Volkswirtschaft. Für andere Sektoren werden die Branchenattribute „Pharma" oder „Öffentliche Verwaltung" verwendet (vgl. Hoefert, 1991, S. 180). Einrichtungen der sozialen und karitativen Arbeit sind nach Zink (1985, S. 7) „(...) unter organisationssoziologischen, aber auch unter betriebswirtschaftlichen Gesichtspunkten Betriebe." Nach Ansicht des Autors unterscheiden sie sich darin „(...) nicht von anderen Betrieben im Dienstleistungsbereich" (ebd.).

Soziale Organisationen sind nicht immer, aber in der Regel Non-Profit-Organisationen (vgl. Decker, 1992, S. 17). Dies bedeutet, dass im Gegensatz zu Organisationen der Produktion oder des Handels das formale Hauptziel sozialer Organisationen nicht der Ertrag im materiellen Sinn ist. Das Ziel bzw. der Zweck und Sinn sozialer Organisationen ist es, soziale und gesundheitliche Bedürfnisse zu befriedigen, entweder für Einzelne oder für bestimmte Gruppen von Menschen (vgl. ebd.).

Eine Gruppe von sozialen Organisationen bzw. Einrichtungen wird als Heime bezeichnet. Heime gibt es in verschiedenen Hilfebereichen, unter anderem auch in der Behinderten- und Jugendhilfe. Martin (1981) definiert zum Beispiel ein Heim im Jugendhilfebereich wie folgt: „Das Heim ist eine ‚Organisation', welche strukturelle, personelle, kommunikative und ökonomische Bedingungen schaffen und garantieren muß, die erstens jedem Kind zur Entfaltung seiner Persönlichkeit verhelfen und zweitens jedem Mitarbeiter Möglichkeiten für verantwortliches pädagogisches Handeln eröffnen" (Martin, 1981, S. 3).

Ziele von sozialen Einrichtungen können wie die Ziele von anderen Organisationen in externe und interne Ziele eingeteilt werden. Ein internes Ziel von sozialen Einrichtungen muss sich nach Puch (1997, S. 78) „(...) auf die Arbeitszufriedenheit von MitarbeiterInnen, auf die Erhaltung oder Verbesserung der Motivation, auf ein transparentes und kooperatives Führungsverhalten von Vorgesetzten und auf den Grad der Entscheidungsbeteiligung von Mitarbeiter-Innen beziehen." Viele Autoren sind der Meinung, dass in sozialen Einrichtungen verstärkt die Förderung der Mitarbeitenden im Rahmen der Personalentwicklung angestrebt werden sollte. In diesem Kontext der Personalentwicklung in sozialen Einrichtungen sollte auch eine systematische Führungskräfteentwicklung betrieben werden (vgl. Maelicke, 1990, S. 51ff.; auch Hoefert, 1991a, 29ff.).

2.2 Das Sozial- und Personalmanagement in sozialen Einrichtungen

Verfolgt man die Literatur, die sich mit dem Thema „Sozialmanagement" auseinander setzt, so wird deutlich, dass sich Akteure in der sozialen Arbeit mit den Begriffen „Leitung" und „Führung" sehr schwer getan haben. In einem der ersten Bücher zu diesem Thema spiegelt sich eine Haltung wider, die bei vielen Fachkräften in der Sozialen Arbeit meist unreflektiert vorhanden ist: „Leitung scheint zwar irgendwie nicht vermeidbar, aber die Leitungskräfte sollten sich vom Team nicht so sehr abheben und sich vor allem darauf ausrichten, die Teamentscheidungen innerhalb der Organisation und nach außen hin durchsetzen zu helfen" (Müller-Schöll & Priepke, 1989, S. 130). Selbst in einigen neueren Abhandlungen zum Sozialmanagement wird das Leitungsthema nur mit kurzen Randbemerkungen erwähnt (Wöhrle, 2003). Insgesamt lässt sich aber beobachten, dass dem Thema „Leitung und Führung" mittlerweile eine größere Aufmerksamkeit entgegengebracht wird. Mit dem Einzug des Managementdenkens in der Sozialen Arbeit und in den sozialen Einrichtungen werden die für Organisationen erforderlichen Steuerungsleistungen betrachtet. Weiter wird reflektiert, ob und mit welchen Modifizierungen die betriebswirtschaftlichen Organisationskonzepte auf die sozialen Einrichtungen übertragen werden können (vgl. Sommerfeld & Haller, 2003, S. 64). Im internationalen Vergleich hängt Deutschland dieser Entwicklung allerdings weit hinterher. Strachwitz (1993) weist darauf hin, dass im Vergleich zu Deutschland andere Länder wie die USA, Großbritannien, die Schweiz oder Frankreich hinsichtlich der Integration von modernem Management und hohem Idealismus im Sozialbereich weit voraus sind. Er verweist darauf, dass zum Beispiel Anfang der 1990er Jahre in den USA „die Organisation der Pfadfinderinnen im Wettbewerb mit sämtlichen Wirtschaftsunternehmen den Preis für das beste Management erhalten hat" (Strachwitz, 1993, S. 61).

Die Übernahme von Management-Konzepten ist nach Jäger (1999) mit Klugheit, Vorsicht und nach ethischen Kriterien zu bemessen. Seiner Ansicht nach, wäre es wichtig, „(...) Kriterien zu entwickeln, um richtig einzuschätzen, was an Management-Konzepten für eine soziale Einrichtung dienlich beziehungsweise nicht dienlich ist" (1999, S. 42). Bei der Übernahme der Personalmanagement-Konzepte in den sozialen Einrichtungen muss auf die verschiedenen Mitarbeitergruppen in sozialen Einrichtungen geachtet werden. Zimmer et al. (2001, S. 216) bezeichnen die Beschäftigung in Non-Profit-Organisationen als ein Nebeneinander von Ehren- und Hauptamtlichkeit. Öhlschläger (1995, S. 89) gibt folgenden Überblick über die spezifische Personalstruktur:

Mitarbeiter/innen

Arbeitnehmer/innen		Nicht-Arbeitnehmer/innen	
hauptberuflich	nebenberuflich	hauptberuflich	nebenberuflich
• Voll- und Teilzeitbeschäftigte • Kräfte in Arbeitsbeschaffungs-maßnahmen • Auszubildende • Praktikanten/innen	• Honorarkräfte • geringfügig Beschäftigte	• Zivildienstleistende • Ordensangehörige • Praktikanten/innen • Helfer/innen im Freiwilligen sozialen Jahr • mitarbeitende Betreute	• Ehrenamtliche

Abb. 1: Spezifische Personalstruktur in sozialen Einrichtungen

Hinsichtlich des Personalmanagements von Ehrenamtlichen und freiwilligen Helfern/innen sind nach Zimmer et al. (2001, S. 221) erhebliche Defizite festzustellen, ferner wird die Ressource ehrenamtliches Engagement bisher kaum ausgeschöpft. Gerade bei der zunehmenden Bedeutung von ehrenamtlichem Engagement können nicht einfach Managementkonzepte aus der Privatwirtschaft auf die Soziale Arbeit übertragen werden. Die Arbeitsplätze der Ehrenamtlichen und freiwilligen Helfer/innen sind so zu gestalten, dass sie den Erwartungen und der Motivation der am Engagement Interessierten entsprechen (vgl. Zimmer et al., 2001, S. 221f.).

Beck (1990) tätigt eine andere Unterscheidung der Mitarbeiter/innengruppe: Zum einen gibt es seiner Ansicht nach „(...) die professionellen und entsprechend ausgebildeten Sozialarbeiter (worunter alle Berufe im beratenden und intervenierenden Bereich verstanden werden)" (Beck, 1990, S. 23). Eine weitere Gruppe bilden „(...) die (hoffentlich) betriebswirtschaftlichen Verbandsmanager" (ebd.). Letztlich werden soziale Einrichtungen noch entscheidend von den ehrenamtlichen Vorstandsmitgliedern beeinflusst. Für Beck hat jede dieser Mitarbeiter/innengruppen „(...) unterschiedliche Interessen (und) steht deshalb auch in Konkurrenz zu den anderen zwei Gruppen" (ebd.). Für eine gute Zusammenarbeit ist es für den Autor wichtig, die Arbeitsplätze präzise zu definieren und für eine klare Zuordnung der Verantwortlichkeiten zu sorgen, um so eine gute Personalführung zu gewährleisten (vgl. Beck, 1990, S. 23ff.).

Eine gute Personalführung entsteht immer aus der Interaktion zwischen Führungspersonen, Mitarbeiter/innen und der Situation. Nach Nokielski (1996, S. 73) bildet die Personal-Klient-Relation den Kern der organisatorischen Aktivitäten in der Sozialen Arbeit. Soziale Hilfen bzw. Sozialdienstleistungen werden in der Regel in Kooperation und Koproduktion zwischen Mitarbeitenden und Adressaten/innen erbracht. Die Effektivität ist anteilig abhängig von Engagement, Motivation, Zufriedenheit, Einstellungen und Kompetenzen der Mitarbeitenden. Aus diesen Gründen müssen sich Leitungspersonen in der Personalführung der Frage annehmen, wie sehr die Mitarbeitenden mit den Einrichtungszielen verbunden sind, über welche fachlichen und persönlichen Kompetenzen sie verfügen und wie diese in den unterschiedlichen beruflichen Situationen eingesetzt werden können. „Die für eine effektive Organisationsgestaltung zu realisierenden mitarbeiterbezogenen Leitungsaufgaben umfassen sowohl das strukturelle Element der Personalentwicklung als auch solche unmittelbar interaktionalen Instrumente wie etwa Mitarbeitergespräche, denen innerhalb dieses funktionalen Leitungssegments eine besondere Bedeutung zukommt" (Merchel, 2004, S. 79).

Die Realität in sozialen Einrichtungen sieht allerdings anders aus: Holsten (1997) beschreibt die Situation der Heimerziehung in Zeiten finanziell immer knapper werdende öffentliche Mittel so, dass die Heimerziehung nicht umhin kommt, Managementbegriffe und -techniken anzuwenden. Es erscheint ihm unverständlich, dass Führungskräfte in dieser Situation einen notwendigen wirtschaftlichen Bezug ablehnen „und immer noch das aktuelle *Management by Versuch und Irrtum* als stabile wirtschaftliche Grundlage für eine sinnvolle pädagogische Arbeit betrachten" (Holsten, 1997, S. 4). Träger, Heimleiter/-innen, Erziehungsleiter/innen etc. machen sich keine Gedanken über das wichtigste Kapital, die Mitarbeitenden. Es lässt sich keine Bereitschaft erkennen, sich mit dem entsprechenden Fachwissen vertraut zu machen oder anzuwenden (vgl. ebd.).

Nechwatal kritisiert fünf Jahre später in seiner Untersuchung über das Leitungsgeschehen in sozialen Einrichtungen (2002), dass die Personalentwicklung und -förderung vernachlässigt wird: „Typisch für soziale Einrichtungen ist nach Ansicht vieler Autoren beziehungsweise Fachexperten auch der geringe Stellenwert, den die Personalentwicklung und -förderung in diesen Organisationen hat. Die entsprechenden Aktivitäten im Rahmen der Personalwirtschaft werden auch von der Leitungsebene in sozialen Einrichtungen kaum als Aufgabe gesehen" (Nechwatal, 2002, S. 130). Es wird von einer hohen Identifikation von Mitarbeitern/innen mit den Zielen und dem Selbstverständnis der Organisation ausgegangen und für eine systematische Personalentwicklung zu wenig getan.

2.3 Geschlechtsspezifische Aspekte von Leitungsverhalten

Für soziale Einrichtungen stellt der auffallend hohe Frauenanteil an Beschäftigten (im Verhältnis zur Gesamtwirtschaft) ein Charakteristikum dar. In diesem Bereich sind 1,5 mal so viele Frauen beschäftigt wie in der Gesamtwirtschaft (vgl. Baxmann, 1999, S. 64). Innerhalb des sozialen Berufsfeldes sehen sich die Frauen von zwei widersprüchlichen Normensystemen in Anspruch genommen. Gehrmann & Müller (1999, S. 101) sehen eine Wesensverwandtschaft der Sozialen Arbeit mit dem traditionellen Frauenbild und beschreiben diese folgendermaßen: „Das Heilen, Helfen und Pflegen als Ausdruck echt weiblicher Tugenden entspricht der These von der Mütterlichkeit als Beruf". Das zweite Normensystem besteht darin, dass sich die Frauen als Sozialarbeiter-innen dem Gebot der Professionalität gegenüber sehen, Hilfe in methodisch bewährter und qualifizierter Form zu leisten. Infolge dieses Dilemmas der „weiblichen Doppelmoral" entscheiden sich Frauen häufiger für eine direkte Arbeit mit den Klienten/innen und gegen administrative oder leitende Aufgaben mit der Konsequenz, dass sie seltener Karriere machen als Männer und in Leitungspositionen unterrepräsentiert sind (vgl. Gehrmann & Müller, 1999, S. 102f.). Im Hinblick auf die Betrachtung geschlechtsspezifischer Aspekte im Kontext von Leitungsverhalten (abseits der übergreifenden gesellschaftlichen Frage der angemessenen Repräsentanz von Männern und Frauen auf den unterschiedlichen Stufen von Leitungspositionen generell und in Leitungs-positionen in Einrichtungen der Sozialen Arbeit im Besonderen) ergeben sich zwei Fragestellungen: Gibt es empirische begründete Anzeichen für einen typischen weiblichen oder einen spezifisch männlichen Leitungsstil? Und lassen sich geschlechtsspezifische Zuschreibungen erkennen, mit denen Frauen und Männer in Leitungspositionen bewusst oder unbewusst konfrontiert werden?

Obwohl die Frage nach einem typisch weiblichen Führungsverhalten in der Literatur vielfach diskutiert wird, kann sie nicht eindeutig beantwortet werden. Es ist mehr als fraglich, ob es „den weiblichen" und „den männlichen Führungs-stil" gibt. Wunderer & Dick (1997) fassen die bisherigen empirischen Unter-suchungen zusammen: „In Disposition und Verhalten sind insgesamt nur wenig geschlechtsspezifische Unterschiede nachweisbar" (S. 132). Erfolgsverständnis und Berufsorientierung sind bei männlichen und weiblichen Führungskräften ähnlich ausgeprägt. Das Verständnis von Leitung und das Leitungsverhalten von Frauen unterscheidet sich nicht wesentlich von dem der Männer, sodass ein spezifisch weiblicher Leitungsstil nicht nachgewiesen werden kann (vgl. Rosenstiel, 2003a, S. 176). Die Anforderungen, die an Leitungspositionen gestellt werden, scheinen zu bewirken, dass „(...) ansonsten feststellbare Ge-schlechterdifferenzen im Sozialverhalten (...) verschwinden, sobald man Frauen und Männer in Führungspositionen vergleicht" (Wunderer & Dick, 1997, S. 76).

Lambertz et al. (2002, S. 49) weisen darauf hin, dass sowohl in der Literatur als auch in der Öffentlichkeit ein sozial erwünschtes Bild von männlichem und weiblichem Führungsverhalten existiert, das Verhaltensweisen von Führungskräften und die diesbezügliche Wahrnehmung beeinflussen kann und deshalb nicht als gänzlich irrelevant betrachtet werden darf. Sie wirken auch dann, wenn sich die Leitungsverhaltensweisen von Männern und Frauen nicht signifikant unterscheiden. So werden Persönlichkeitsmerkmale und Eigenschaften wie Durchsetzungsvermögen, Selbstvertrauen, Initiative, Belastbarkeit, Entscheidungsfähigkeit und Verhandlungsgeschick eher Männern zugeschrieben, Kommunikationsfähigkeit, Mitarbeiterorientierung und emotionale Intelligenz (bestehend aus den Faktoren Selbstreflexion, Selbstkontrolle, Motivation, Empathie, soziale Kompetenz) eher Frauen (vgl. Lambertz, 2002, S. 23ff.). Diese Stereotypen sind verantwortlich für unterschiedliche Interpretationen ähnlicher Verhaltensweisen: „Zeigt ein Mann (...) Durchsetzung, so wird ihm Eignung attestiert; zeigt eine Frau die gleichen Verhaltensweisen, so wird sie eher als zänkisch und aggressiv beschrieben. Zeigt ein Mann die Bereitschaft, zwischen verschiedenen Positionen zu vermitteln, so wird ihm die Fähigkeit zum sozialen Ausgleich zugeschrieben, während das gleiche Verhalten bei einer Frau als Schwäche und Mangel an Führungsfähigkeit ausgelegt wird" (Rosenstiel, 2003a, S. 174).

Zusammenfassend lässt sich feststellen, dass Geschlechtsrollen-Stereotypen, unabhängig von der offensichtlichen faktischen Irrelevanz geschlechtsspezifischer Leitungsunterschiede, Auswirkungen in der Realität haben. Nach Merchel (2004, S. 78) bilden sie ein soziales Faktum, mit dem sich Leitungspersonen auseinander setzen müssen. Sie müssen sich mit der Wirkung auf Interaktionen beschäftigen, sie bewusst wahrnehmen und einen Umgang mit ihnen finden.

2.4 Kommunikation als Führungsaufgabe in sozialen Einrichtungen

Personalführung ohne Kommunikation ist undenkbar. Um Mitarbeiter/innen zu führen, müssen Führungspersonen und Mitarbeiter/innen miteinander kommunizieren. Es gibt hierbei unzählige Kommunikationsanlässe. Die Gesprächsanlässe ergeben sich bei jedem/r Mitarbeiter/in alleine durch seine/ihre Betriebszugehörigkeit teils spontan, teils geplant. Sabel (1999) kommt zu der Einschätzung, dass Manager/innen es als ihre wichtigste Aufgabe ansehen, die Kommunikation in ihrer Abteilung bzw. in ihrem Unternehmen auf dem höchsten Stand zu halten. Oft haben heutzutage auch die Mitarbeiter/innen ein immer größeres Bedürfnis nach umfassenden Informationen (vgl. Sabel, 1999, S. 79). Eine gut funktionierende Kommunikation in einer Organisation führt zu ausreichender Information über sachliche Zusammenhänge, hoher Motivation der Mitarbeiter/innen, breiter Anerkennung seitens der Kollegen/innen, zu größerer Sicherheit und sie verbessert die Gruppen-, Abteilungs- und Organisationsatmosphäre insgesamt (vgl. Kempe & Kramer, 2002, S. 25).

In Organisationen wird zwischen der formellen und der informellen Kommunikation unterschieden. Die formelle Kommunikation bezieht sich auf das betriebliche Informationssystem, welches meist durch eine fest gefügte Ordnung gekennzeichnet ist (vgl. Kempe & Kramer, 2002, S. 25). Durch sie wird die betriebs- und leistungsbezogene Beziehung zwischen Führungspersonen und Mitarbeiter/innen formell geregelt, und durch die informelle Kommunikation ergänzt. Durch das Ausbilden von informellen Kommunikationsnetzen verschaffen sich die Mitarbeiter/innen aus anderen als den offiziell vorgesehenen Quellen ihre Informationen (vgl. Neuberger, 2001, S. 18). So kann die informelle Kommunikation etwa in Form von Gerüchten negativ oder störend wirken, was vor allem bei schlecht wahrgenommener und eingehaltener formeller Kommunikation der Fall ist. Sie wirkt aber nicht nur störend und hemmend auf den Betriebsablauf, da sie auch als Medium zwischenmenschlicher Anteilnahme aus Interesse am Leben der Kollegen/innen viel Positives zum Betriebsklima beitragen kann (vgl. Kempe & Kramer, 2002, S. 25).

Führungspersonen verbringen die meiste Arbeitszeit mit direkter mündlicher Kommunikation. Aus zahlreichen Untersuchungen geht hervor, dass Führungspersonen durchschnittlich weit über die Hälfte der gesamten Arbeitszeit kommunizieren (vgl. Neuberger, 1996, S. 8). Andere Autoren sprechen davon, dass Führungspersonen 80 - 95 % ihrer Arbeitszeit mit Kommunikation verbringen, wenn unter Kommunikation nicht nur das Vier-Augen-Gespräch verstanden wird, sondern auch Aktivitäten als Teilnehmer/in von Gruppenbesprechungen, das Telefonieren, das Lesen und Erstellen von Schriftgut etc. miteinbezogen werden (vgl. Rosenstiel, 2003, S. 5). Daraus wird ersichtlich, dass die Kommunikationsfähigkeit als soziale Kompetenz, gleichwertig oder sogar vorrangig vor der Fachkompetenz zu sehen ist (vgl. Schulz von Thun et al., 2006, S. 9). In welchen Situationen eine Führungsperson mit ihren Mitarbeitenden kommuniziert, soll folgende Grafik veranschaulichen:

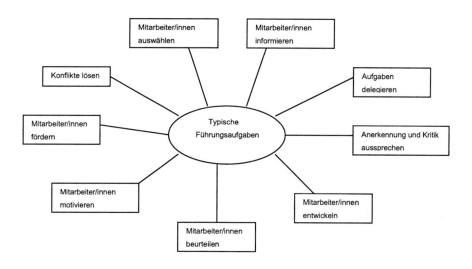

Abb. 2: Kommunikationsaufgaben von Führungspersonen

(vgl. Kießling-Sonntag, 2000, S. 25)

Um die Zusammenarbeit in der Organisation langfristig erfolgreich zu gestalten ist der direkte mündliche Kontakt von Mensch zu Mensch sehr wichtig. Bei diesem Kontakt werden Ideen erzeugt, Sichtweisen ausgetauscht, Bedürfnisse koordiniert und Gefühle zugelassen (vgl. Kießling-Sonntag, 2000, S. 24f.). Dies gilt grundsätzlich für alle Organisationen - unabhängig, ob sie der Privatwirtschaft angehören oder der öffentlichen Verwaltung bzw. der Sozialwirtschaft zugeordnet werden.

Bei der Personalführung, insbesondere bei Mitarbeitergesprächen soll sich die Kommunikation durch Umkehrbarkeit auszeichnen. Umkehrbare Kommunikation liegt nach Neuberger (2001, S. 115ff.) dann vor, wenn die Gesprächsbeiträge durch beide Gesprächpartner/innen geäußert werden können, ohne dass Rollenverletzungen auftauchen. Beide Gesprächspartner/innen müssen sich während des Gesprächs als gleichberechtigt akzeptieren. Merchel (2004) hingegen gibt zu Bedenken, dass Mitarbeitergespräche „(...) nicht in einem ‚sozial leeren Raum' stattfinden, sondern in mit Macht ausgestatteten sozialen Bezügen stattfinden. Es wäre – trotz aller Rhetorik der Gegenseitigkeit und des Dialogischen – falsch, diese Machtkonstitution als Rahmenbedingung faktisch zu negieren bzw. implizit und unreflektiert zu lassen" (S. 87).

An dieser Stelle soll auf praxisbewährte Gesprächstechniken hingewiesen werden, die für eine professionelle Gesprächsführung als notwendig erachtet werden: Hofbauer & Winkler (2002), Micheli (2004), Schulz von Thun (2001), Schulz von Thun et al. (2006) und Watzlawick et al. (1996) beschreiben ausführlich die Fragetechnik mit offenen und geschlossenen Fragen, verbale und nonverbale Kommunikation, die Technik des aktiven Zuhörens, die Regeln des Feedbacks, die Verwendung der Ich-Botschaften und weitere Methoden und Techniken zur Förderung der Kommunikation.

2.5 Die Rechte des Betriebsrats in der Personalführung

2.5.1 Begriffsbestimmung und Überblick

Der Betriebsrat muss bei der Personalführung in sozialen Einrichtungen miteinbezogen werden, denn er ist das gesetzliche Organ zur Interessensvertretung der Arbeitnehmer/innen und zur Wahrung der betrieblichen Mitbestimmung gegenüber dem Arbeitgeber/der Arbeitgeberin in Betrieben des privaten Rechts. Die rechtliche Grundlage bildet das Betriebsverfassungsgesetz (BetrVG) aus dem Jahr 1972[2]. In Betrieben der Religionsgemeinschaften und ihrer karitativen oder erzieherischen Einrichtungen sind Betriebsräte gesetzlich nicht vorgesehen. In diesen Tendenzbetrieben wird zur Mitwirkung der Arbeitnehmer/innen auf Grund einer eigenen Kirchengesetzgebung eine so genannte Mitarbeitervertretung berufen: für die katholische Kirche und die Caritas gelten die Mitarbeitervertretungsverordnung(en), für die evangelische Kirche und das Diakonische Werk stellt das Mitarbeitervertretungsgesetz die rechtliche Grundlage dar (vgl. Hofbauer & Winkler, 2002, S. 196).

Zur Erfüllung seiner Aufgaben hat der Betriebsrat nach Jung (1999, S. 84) eine Reihe von Mitwirkungs- und Mitbestimmungsrechten, die sich insbesondere auf die folgenden Bereiche beziehen (die in Tendenzbetrieben eingeschränkt sein können):

- soziale Angelegenheiten (§§ 87 – 89 BetrVG),
- Gestaltung von Arbeitsplatz, -ablauf und -umgebung (§§ 90f. BetrVG),
- personelle Angelegenheiten (§§ 92 – 105 BetrVG),
- wirtschaftliche Angelegenheiten (§§ 106 – 113 BetrVG).

Hierbei lässt sich nach Intensität und Umfang der Beteiligung an den Arbeitergeberentscheidungen zwischen folgenden Rechten unterscheiden: Informationsrecht, Vorschlagsrecht, Anhörungsrecht und Beratungsrecht. Diese vier Rechte können unter dem Hauptbegriff „Mitwirkungsrechte" zusammengefasst werden. Einen Anspruch auf ein gleichberechtigtes Mitreden und Mitentscheiden bieten jedoch nur die Mitbestimmungsrechte, die sich ebenfalls in ihrer Wirkung abstufen lassen:

- Widerspruchsrecht: bestimmte Entscheidungen können durch den Betriebsrat blockiert werden, z.B. Einstellungen, Umgruppierungen o.ä.,
- Vetorecht: der Betriebsrat hat insbesondere im sozialen Bereich ein volles Mitbestimmungsrecht, indem er Arbeitgeberentscheidungen widersprechen kann und der/die Arbeitgeber/in diese Entscheidungen nicht durch ein Arbeitsgericht ersetzen lassen kann,

---

[2] Hiervon abzugrenzen ist der Personalrat (Personalvertretung) der Beschäftigten (Arbeiter/innen, Angestellte, Beamte/innen) einer Dienststelle des öffentlichen Rechts. Das Recht der Personalvertretung wird in den Personalvertretungsgesetzen des Bundes und der Bundesländer geregelt.

- Initiativrecht: die Initiativrechte garantieren dem Betriebsrat die weit-gehendsten Mitwirkungsrechte, da er hier Entscheidungen selbständig treffen und auch durchsetzen kann. Initiativrechte bestehen z.B. hinsichtlich eines Sozialplans (vgl. Jung, 1999, S. 84).[3]

Im Folgenden wird auf einzelne Paragraphen des Betriebsverfassungsgesetzes eingegangen, die für die Bearbeitung des vorliegenden Themas relevant sind. Das Betriebsverfassungsgesetz bezieht sich im wörtlichen Gesetzestext auf Be-urteilungsverfahren und Beurteilungssysteme. Hofbauer und Winkler (2002, S. 196) empfehlen eine Beteiligung des Betriebsrats, auch wenn sich die Kommentarliteratur zur Frage des Mitbestimmungsrechts bei der Einführung von Mitarbeitergesprächen nicht explizit äußert, schon alleine deshalb, weil eine frühzeitige Partizipation die Akzeptanz von Mitarbeitergesprächen bei den Mitarbeitenden fördert. Breisig (2005) erläutert, dass auch Mitarbeiterge-spräche und Zielvereinbarungsgespräche in die Beurteilungssysteme im Sinne des Betriebsverfassungsgesetzes eingeschlossen sind und deshalb die folgenden Paragraphen auch Anwendung auf Mitarbeitergespräche finden (vgl. Breisig, 2005, S. 209ff.; vgl. auch Breisig et al., 2001, S. 61ff.).

2.5.2 Die Informations- und Mitbestimmungsrechte

Für die Arbeit des Betriebrates ist es sehr wichtig, dass er über alle notwendigen Informationen für seine Beratung und Entscheidung verfügt. Hierzu gehören unter anderem Informationen über die geplanten Ziele von Beurteilungs-verfahren, den Entwurf eines Beurteilungsbogens, ggf. die Beurteilungskriterien und deren Definition und die Verwendung der Beurteilungsdaten. Nach § 80 Abs. 2 BetrVG ist der Arbeitgeber/die Arbeitgeberin verpflichtet, dem Betriebsrat von sich aus rechtzeitig und umfassend über alle Bestandteile eines geplanten oder vorhandenen Beurteilungssystems zu unterrichten. Der Betriebsrat hat ein Recht auf den gleichen Wissensstand wie der/die Arbeitgeber/in. Die Informationen müssen so rechtzeitig erfolgen, dass der Betriebsrat auf die inhaltliche Ausgestaltung tatsächlichen Einfluss nehmen kann. Breisig (2005, S. 210) verweist darauf,

---

[3] Hierzu ausführlich: Jung, 1999; Fitting et al., 2005; Hälker, 2004.

dass in der betrieblichen Praxis häufig Informationen vorenthalten werden und der Betriebsrat von sich aus die Informationen anfordern muss. Dieses Vorgehen wird in § 80 Abs. 2 Satz 2 rechtlich abgesichert.

Auf der Grundlage des § 92 BetrVG hat der/die Arbeitgeber/in den Betriebsrat über die Personalplanung sowie sich daraus ergebende personelle Maßnahmen und Maßnahmen der Berufsbildung anhand von Unterlagen rechtzeitig und umfassend zu unterrichten. Wird die Personalbeurteilung vom Arbeitgeber/von der Arbeitgeberin unter anderem zum Zwecke der Personalplanung eingeführt, so greifen die Informations- und Beratungsrechte nach § 92 BetrVG. Hierzu zählen die Personalbedarfsplanung, (interne) Personalbeschaffung, Personalentwicklungsplanung, Personaleinsatzplanung und Personalabbauplanung. „Bei allen bekannten Beurteilungssystemen geht es um Ziele wie Qualifikationsbedarfsermittlung, Fundierung von Personalentscheidungen, Ermittlung von (Führungskräfte-) Potenzial usw., sodass ihre Einführung und Anwendung regelmäßig in den Bereich des § 92 fällt" (Breisig, 2005, S. 212).

Mitbestimmungsrechte des Betriebsrats bei Personalbeurteilungssystemen sowie ergänzende Rechte ergeben sich aus mehreren Normen des Betriebsverfassungsgesetzes. Personalfragebogen nach § 94 Abs. 1 BetrVG bedürfen der Zustimmung des Betriebsrats, soweit sie im Rahmen eines Mitarbeitergesprächs zum Einsatz kommen. Das Mitbestimmungsrecht bezieht sich nicht nur auf Fragebogen, sondern ist prinzipiell auch auf andere Verfahren und Techniken anzuwenden wie etwa die Durchführung von Interviews oder die Verwendung von standardisierten Bewertungsbogen und Checklisten, die zur Bewertung angewandt werden und nicht von Mitarbeitenden selbst ausgefüllt werden (vgl. Fitting et al., 2005, Rn 11 zu § 94).

Eine der wichtigsten Rechtsnormen zur Beeinflussung und Gestaltung von Mitarbeitergesprächs-Konzepten ist der § 94 Abs. 2 (Aufstellung allgemeiner Beurteilungsgrundsätze). Der Betriebsrat muss seine ausdrückliche Zustimmung zu dem Beurteilungssystem („positives Konsensprinzip") geben – Schweigen ist nicht gleichbedeutend mit Zustimmung. Der/die Arbeitgeber/in muss die ausdrückliche Zustimmung des Betriebsrats bei der Einführung,

Anwendung oder Änderung von Mitarbeitergesprächen mit allgemeinen Beurteilungsgrundsätzen einholen, da sich aus Beurteilungen eine potenzielle Folgenträchtigkeit für die Mitarbeitenden ergeben kann. Es soll gewährleistet werden, dass sachgerecht beurteilt wird und die Persönlichkeitssphäre der Beschäftigten vor ungerechtfertigten Zugriffen des Arbeitgebers geschützt bleibt (vgl. Däubler, 2004, Rn 28 zu § 94). Die Rechtsnorm des § 94 Abs. 2 eröffnet dem Betriebsrat einen weitreichenden Einfluss auf die Grundsätze der Personalbeurteilung (ausführlich hierzu Breisig, 2005, S. 214ff.).

Will der/die Arbeitgeber/in Beurteilungsdaten in ein EDV-System einspeisen, hat der Betriebsrat ein Mitbestimmungsrecht nach § 87 Abs. 1 Nr. 6 BetrVG. Hierbei ist es völlig unerheblich, ob die Daten von einer technischen Einrichtung erhoben oder aus einem Beurteilungsbogen in das EDV-System übertragen werden und damit einer EDV-mäßigen Auswertung zugeführt werden (vgl. Breisig, 2005, S. 218). Das Mitbestimmungsrecht des Betriebsrats besteht deshalb, weil anhand von technischen Einrichtungen das Verhalten und/oder die Leistung von Beschäftigten kontrolliert werden kann (vgl. Breisig et al. 2001, S. 63).

2.5.3 Das Recht auf (Personal-) Akteneinsicht

Schriftliche Beurteilungen werden in der Regel zu den Personalakten genommen. Der Begriff Personalakte wird in der Personalwirtschaft weit gefasst. Weder die Form, noch der exakte Inhalt sind gesetzlich geregelt. Aufgrund der elektronischen Datenverarbeitung finden sich immer seltener umfangreiche Papierakten, die sämtliche Inhalte zusammenfassen. Nach § 83 BetrVG hat jede/r Mitarbeiter/in das Recht, Einsicht in die Personalakte zu nehmen und dabei ein Mitglied des Betriebsrates hinzuzuziehen. Fitting et al. (2005, Rn 3 zu § 83) weisen daraufhin, dass unter den rechtlichen Begriff Personalakte „(...) selbstverständlich auch in elektronischen Datenbanken abgespeicherte Personal- und Beurteilungsdaten (fallen)". Damit sind auch Sonder- oder Nebenakten, z.B. entsprechende Aufzeichnungen der Vorgesetzten, Bestandteil der Personalakte und somit einsehbar. In diesen Fällen muss sich in der Hauptakte ein Hinweis auf die Existenz einer Sonder- oder Nebenakte befinden. „Das Führen einer Geheimakte ist unzulässig" (Breisig, 2005, S. 231). Im Falle einer EDV-Speicherung hat der/die Mitarbeiterin einen

Anspruch auf Ausdruck aller gespeicherten Informationen, und „(...) zwar in einer entschlüsselten und lesbaren Form" (Fitting et al., 2005, Rn 34 zu § 83).

Fühlt sich der/die Mitarbeiter/in im Rahmen einer Beurteilung ungerecht behandelt, so kann er/sie eine Gegendarstellung verfassen, die der Arbeitgeber auf Verlangen in der Personalakte abheften muss (§ 83 Abs. 2 BetrVG). Daneben existiert ein Rechtsanspruch auf die Entfernung unrichtiger Angaben in der Personalakte, der notfalls auf dem Klageweg durchgesetzt werden muss (vgl. Breisig, 2005, S. 231).

Im nächsten Kapitel geht es um das Mitarbeitergespräch als Führungs-instrument in der Personalführung. Definition, Inhalte und Struktur grenzen das Mitarbeitergespräch von anderen Gesprächsformen ab. Die verschiedenen Funktionen des Mitarbeitergesprächs sollen die Wichtigkeit für die Personal-führung, Personalentwicklung und Organisationsentwicklung verdeutlichen. Ein modellhafter Ablauf mit verschiedenen Gesprächsphasen, Zielvereinbarungen und Dokumentationen ergänzt die theoretischen Hintergründe.

3 Führen durch Mitarbeitergespräche

In den letzten 20 Jahren wurden in deutschen Organisationen vermehrt Mitarbeitergespräche als Managementinstrument eingeführt, allerdings sind sie bislang kaum auf ihre Wirksamkeit überprüft worden. Es gibt zwei Veröffentlichungen, die über Ergebnisse von Befragungen zu Mitarbeitergesprächen im deutschsprachigen Raum berichten (Bechinie, 1992; Leonhardt, 1991). Hierbei handelt es sich um den Stand der Implementierung von Mitarbeitergesprächen in den Unternehmen der freien Wirtschaft. Insgesamt zeigt sich ein deutliches Defizit in der Überprüfung der Umsetzung und Wirkung von Mitarbeitergesprächen, sowohl in Organisationen der Wirtschaft, der öffentlichen Verwaltung als auch in sozialen Einrichtungen.

Bei den Veröffentlichungen zum Thema Mitarbeitergespräch finden sich eine Reihe praxisnaher Publikationen, die beschreiben, wie ein Mitarbeitergespräch durchgeführt werden sollte (Hofbauer & Winkler, 2002; Nagel et al., 2005; Mentzel et al., 2004), und mit welchen Trainingsmaßnahmen die Gesprächs- und Zielvereinbarungstechniken vermittelt werden können (Bechinie, 1992; Papenfuß & Pfeuffer, 1993). Psychologische Theorien wie Kommunikationsmodelle und die Zielsetzungstheorie[4], die den Mitarbeitergesprächen zugrunde liegen, werden in der Literatur ausführlich beschrieben (Fiege et al., 2001; Neuberger, 2001; Schulz von Thun, 2001; Schulz von Thun et al., 2006). Verlaufen aber die Mitarbeitergespräche in der Realität wirklich so, wie in der Literatur beschrieben? Es konnte eine Untersuchung zu der Wirksamkeit von Mitarbeitergesprächen aus dem Jahr 2002 recherchiert werden. Alberternst (2002) hat sich mit dem Thema „Evaluation von Mitarbeitergesprächen in der öffentlichen Verwaltung" auseinander gesetzt. Für die Soziale Arbeit konnte keine Veröffentlichung recherchiert werden, die Auskunft darüber gibt, wie Mitarbeitergespräche in der Praxis verlaufen und von den Mitarbeitenden wahrgenommen werden. Es scheint weder untersucht, ob Mitarbeitergespräche

---

[4] Nähere Erläuterung zur Theorie der Arbeitsmotivation von Locke (1968): Locke vertritt den Standpunkt, dass die bewussten Ziele und Absichten einer Person die wesentlichen kognitiven Determinanten ihres Verhaltens sind. Dabei spielen Werte und Werturteile eine erhebliche Rolle. Menschen streben danach, Ziele zu erreichen, um ihre Wünsche und Emotionen zu befriedigen. Ziele sind für das menschliche Verhalten von richtungsweisender Natur, und sie lenken Gedanken und Handlungen (vgl. Locke, 1968). Diese Theorie wurde von Locke und Latham (1990) erweitert, um der Komplexität des motivationalen Prozesses bei Setzen von Zielen in Organisationen besser gerecht zu werden (vgl. Locke/Latham, 1990).

in der Praxis den Empfehlungen entsprechend geführt werden, noch ob diese Mitarbeitergespräche zu den gewünschten Zielen führen.

Im folgenden Kapitel wird auf das Mitarbeitergespräch in der Theorie eingegangen und eine Definition daraus abgeleitet.

3.1 Begriffsbestimmung Mitarbeitergespräch

Der Begriff „Mitarbeitergespräch" wird in der Literatur nicht einheitlich verwendet. Verschiedene Autoren benutzen den Begriff als Oberbegriff für eine Reihe von Gesprächen, wie zum Beispiel das Zielvereinbarungsgespräch oder das Kritikgespräch. Fiege et al. (2001) definieren das Mitarbeitergespräch als ein „(...) institutionalisiertes Gespräch mit spezifischer Zielsetzung, das aufgrund eines formalen Anlasses fest terminiert wird, ein größeres Zeitbudget erfordert und von beiden Seiten ausreichend vorbereitet werden kann" (Fiege et al., 2001, S. 445). Neben der Verwendung als Oberbegriff wird der Begriff Mitarbeitergespräch auch auf spezielle Arbeitsgespräche angewandt. Bechinie (1992), Leonhardt (1991), Nagel et al. (2005), Papenfuß & Pfeuffer (1993) und Piswanger (1997) verwenden den Begriff Mitarbeitergespräch übereinstimmend für ein Arbeitsgespräch, dessen Ziel nicht nur die Förderung des Mitarbeiters ist, sondern in dem zusätzlich Zielvereinbarungen für die zukünftige Zu-sammenarbeit getroffen werden und die Möglichkeit des gegenseitigen Feedbacks besteht. In der vorliegenden Arbeit wird dieser Auffassung von Mitarbeitergesprächen gefolgt.

3.2 Struktur und Inhalte des Mitarbeitergesprächs

Ein Vergleich der Veröffentlichungen (Bechinie, 1992; Leonhardt, 1991; Nagel et al., 2005; Papenfuß & Pfeuffer, 1993; Piswanger, 1997) ergibt, dass alle genannten Autoren die Punkte „Gesprächvorbereitung", „Rückschau auf die bisherige Zusammenarbeit", „Vereinbarungen über die zukünftige Zusammen-arbeit" und „Protokoll mit Vereinbarungen" als strukturelle Merkmale eines Mitarbeitergesprächs benennen. Es wird im Allgemeinen davon ausgegangen, dass sich sowohl Mitarbeiter/in als auch Vorgesetzte/r mit Hilfe eines Leitfadens auf das Mitarbeitergespräch vorbereiten. Anhand dieses Leitfadens werden im

Gespräch die Punkte „Rückschau auf die Arbeitsleistungen" und „Vereinbarungen für die zukünftige Zusammenarbeit" besprochen. Diese werden schriftlich in einem Protokoll oder Protokollbogen notiert.

Alle der genannten Autoren sind sich mit großer Übereinstimmung einig, dass folgende Punkte zur Charakterisierung des Mitarbeitergesprächs dienen:

- Stärken und Schwächen des Mitarbeiters diskutieren/besprechen,
- Zusammenarbeit und Führung besprechen,
- Zielvereinbarungen treffen,
- Entwicklungsperspektiven und -maßnahmen aufzeigen/besprechen

(vgl. Bechinie, 1992, S. 493; Leonhardt, 1991, S. 93f.; Nagel et al., 2005, S. 14f.; Papenfuß & Pfeuffer, 1993, S. 399f.; Piswanger, 1997, S. 90).

Leonhardt (1991, S. 93) nennt als einziger den zusätzlichen Punkt „Probleme aufdecken und Ursachen analysieren". Dieser Punkt wird nicht explizit von den anderen Autoren genannt, kann aber durchaus in den anderen Merkmalen mit enthalten sein.

3.3 Definition des Mitarbeitergesprächs

Zusammenfassend lässt sich folgende Definition für ein Mitarbeitergespräch ableiten: Unter einem Mitarbeitergespräch wir ein Arbeitsgespräch verstanden, das vom Mitarbeiter/von der Mitarbeiterin und dem/der unmittelbaren Vorgesetzten geführt wird. Das Gespräch ist terminiert und beide Seiten bereiten sich mit einem Leitfaden darauf vor. Die Gesprächsstruktur zeichnet sich dadurch aus, dass eine Bilanz der Arbeit des vergangenen Zeitraums gezogen wird und dass für den zukünftigen Zeitraum Ziele vereinbart werden. Inhaltliche Merkmale sind das Besprechen von Aufgaben des/r Mitarbeiters/in, seine/ihre Stärken und Schwächen, das gegenseitige Geben von Feedback zur Zusammenarbeit und das Planen der weiteren beruflichen Entwicklung des/r Mitarbeiters/in mit entsprechenden Maßnahmen für eine Fort- und Weiterbildung (vgl. Bechinie, 1992; Leonhardt, 1991; Nagel et al., 2005; Papenfuß & Pfeuffer, 1993; Piswanger, 1997).

Aufgrund dieser Definition lässt sich das Mitarbeitergespräch von anderen Gesprächsformen abgrenzen. Die formelle und informelle Alltagskommunikation zwischen Führungskraft und Mitarbeiter/in wird durch die oben genannte Definition ausgeschlossen, da diese nicht von beiden Gesprächspartner/innen gleichermaßen vorbereitet wird. Auch Arbeitsgespräche, an denen noch weitere Personen teilnehmen sowie Arbeitsgruppengespräche oder Teamgespräche sind keine Mitarbeitergespräche.

Darüber hinaus gibt es in der Literatur Hinweise auf zahlreiche weitere Gesprächsformen und -anlässe, die allerdings keine klassischen Mitarbeiterge-spräche darstellen: Beurteilungsgespräche, Beratungs- und Fördergespräche, Einstellungs-, Kündigungs- und Austrittsgespräche (vgl. Fiege et al., 2001; Jetter, 2000, S. 284).

3.4 Funktionen von Mitarbeitergesprächen

Mitarbeitergespräche haben verschiedene Funktionen: Sie dienen neben der Personalführung auch der Personalentwicklung und der Organisationsentwick-lung. Diese Funktionen werden in den folgenden Abschnitten näher erläutert.

3.4.1 Der Aspekt der Personalführung

Die strategischen Ziele einer Organisation werden auf höheren Leitungsebenen festgelegt und werden in operative Ziele auf den ausführenden Ebenen umgesetzt. Führungskräfte haben die Aufgabe inne, diesen Prozess kontinuierlich zu organisieren und zu begleiten. Mitarbeitergespräche können dazu genutzt werden, die Mitarbeitenden über die strategischen Ziele der Or-ganisation zu informieren und diese gemeinsam in operative Ziele in den je-weiligen Arbeitsschwerpunkten umzusetzen (vgl. Nagel et al., 2005, S. 16). Der wesentliche Vorteil, die operativen Ziele mit dem/r Mitarbeiter/in im Mitarbeiter-gespräch zu vereinbaren, besteht darin, dass seine/ihre Erwartungen und Interessen in individuelle Zielvereinbarungen einfließen können. Ein weiterer Vorteil ist, dass der/die Mitarbeiter/in unmittelbar in dem Gespräch seine/ihre Bedenken äußern kann, wenn er/sie sich nicht ausreichend qualifiziert fühlt, oder weitere Unterstützung braucht, um Ziele erreichen zu können (vgl. Alberternst, 2002, S. 15f.). Dieser Informationsaustausch zwischen Vorgesetztem/r und Mitarbeiter/in ist wichtig, denn der/die Vorgesetzte erhält auf diese Weise Informationen über die Umsetzbarkeit von Zielen und der/die Mitarbeiter/in erhält Unterstützung für die Umsetzung dieser Ziele. Durch das gemeinsame Vereinbaren von Zielen und Aufgaben steigt in der Regel die innere Beteiligung und das Engagement der Gesprächspartner/innen (vgl. Nagel et al., 2005, S. 16; Jetter, 2000, S. 294). Bechinie (1992, S. 492) sieht die Partizipation am Zielsetzungsprozess ebenfalls als Chance zur Steigerung der Identifikation mit den Zielen der Organisation und eine höhere Bereitschaft, diese umzusetzen (vgl. auch Baxmann, 1999, S. 89; Maelicke, 2004, S. 47).

Die Analyse der Stärken und Schwächen der Mitarbeitenden führt dazu, dass Vorgesetzte deren Fähigkeiten und Potenziale in Entscheidungen und mittelfristige Planungen einbeziehen können. Das Ergebnis ist ein besserer Abgleich von Aufgabenanforderungen und Fähigkeiten der Mitarbeitenden.

Eine weitere wichtige Funktion von Mitarbeitergesprächen ist die Kontrolle längerfristiger Ziele und grundlegender Verhaltensweisen von Mitarbeitenden.

Das Thematisieren der Beziehung zwischen Vorgesetztem/r und Mitarbeiter/in im Mitarbeitergespräch trägt dazu bei, eventuell auftretende Probleme in der Zusammenarbeit zu klären. Häufig entsteht dadurch ein vertieftes Vertrauensverhältnis zwischen den Gesprächspartnern/innen, Unsicherheiten können abgebaut, und die Kommunikation und Zusammenarbeit in der Organisation verbessert werden (vgl. Nagel et al., 2005, S. 16).

3.4.2 Der Aspekt der Personalentwicklung

„Die Personalentwicklung bezeichnet Lehr/Lernprozesse, die von Organisationen systematisch geplant und durchgeführt werden, um die beruflichen Qualifikationen oder Kompetenzen ihrer Mitglieder zu erhalten, zu erweitern und zu verbessern" (Rosenstiel et al., 2005, S. 403; vgl. auch Alberternst, 2002, S. 17). Die Inhalte der Personalentwicklungsmaßnahmen beziehen sich auf die Kompetenzen, Motivationen, Einstellungen und Interessen der Mitarbeitenden.

Rosenstiel et al. (2005, S. 407) nennen die wichtigsten Planungsschritte für geplante und systematische Qualifizierungsschritte:

- Ermittlung des Personalentwicklungsbedarfs (Bedarfsanalyse),
- Festlegung der Lernziele,
- Unterstützung der Lernaktivitäten durch geeignete Lehr-/Lernmethoden und Lernumgebungen,
- Klärung der Transferbedingungen,
- Evaluation.

Das Mitarbeitergespräch ist für die Planung der Personalentwicklung hilfreich. Nagel et al. (2005, S. 50) beschreiben, dass Qualifikationslücken zwischen Stellenprofil und Eignungsprofil der Mitarbeitenden besprochen und Entwicklungs- bzw. Fördermaßnahmen abgeleitet werden können. Aus der Stärken-Schwächen-Analyse des Mitarbeiters/der Mitarbeiterin können Fort- und Weiterbildungsmaßnahmen abgeleitet werden, um Schwächen auszugleichen und Ressourcen zu fördern bzw. Potentiale zu entwickeln (Papenfuß & Pfeuffer, 1993, S. 398).

Mitarbeitergespräche können aber nicht nur der Personalentwicklung des/der Mitarbeiters/Mitarbeiterin dienen, sondern auch der Entwicklung der Führungskraft. Das im Mitarbeitergespräch geäußerte Feedback der Mitarbeitenden zum Führungsverhalten ist für die Führungskraft eine wichtige Voraussetzung für die Reflexion und Regulation des eigenen Führungsverhaltens bzw. des eigenen Führungsstils. Für die Führungskraft bietet eine Rückmeldung über das eigene Führungsverhalten eine wichtige Voraussetzung dafür, dieses zu optimieren (vgl. Nagel et al., 2005, S. 16). Maelicke (2004, S. 131) benennt noch weitere Vorteile eines Feedbacks. Es birgt neben der Chance zur Selbstkontrolle und Selbstentwicklung auch die Chance auf Verbesserung der Führungs- und Sozialkompetenz. Darüber hinaus kann ein Feedback auch die eigene Zufriedenheit steigern (vgl. ebd.). Nach Düll (1993, S. 262f.) kommt der Kommunikation im Mitarbeitergespräch für den Infofluss in den Organisationen eine wichtige Stellung zu. Auf der einen Seite werden dem/r Mitarbeiter/in Informationen, wie der/die Vorgesetzte ihn/sie sieht, mitgeteilt. Auf der anderen Seite erfahren die Vorgesetzten, wie die Mitarbeitenden ihren Arbeitsalltag und die Organisation mit ihrer Leitung wahrnimmt. So können Führungspersonen vermehrt das Wissen und die Erfahrungen der Mitarbeitenden berücksichtigen und in ihre Führungsarbeit integrieren (vgl. Düll, 1993, S. 263f.).

3.4.3 Der Aspekt der Organisationsentwicklung

Eine weitere Funktion der Mitarbeitergespräche wird deutlich, wenn diese in einem größeren Zusammenhang gesehen werden: Mitarbeitergespräche als Instrument der Organisationsentwicklung. Unter Organisationsentwicklung wird nach Weinert (1998, S. 515) ein langer und geplanter organisatorischer Wandel verstanden, der das Ziel hat, die Selbstverwirklichung, Autonomie sowie Effizienz und Lernfähigkeit der Organisation, insbesondere ihre Flexibilität und ihre Innovationsbereitschaft, zu verbessern.

Als Hauptziele der Organisationsentwicklung gelten neben dem Erhalt der Organisation, die Steigerung der Effektivität bzw. der Produktivität der Organisation und die Steigerung der Humanität der Arbeitsbedingungen (vgl. Merten, 1999, S. 13). Die Verbesserung der Effektivität bedeutet:

- die Erhaltung und Steigerung der Flexibilität,
- die Förderung der Innovationsbereitschaft,
- die Förderung der Lernfähigkeit des Systems (vgl. Jung, 1999, S. 263).

Die Verbesserung der Arbeitsbedingungen beinhaltet:

- mehr Entfaltungs- und Entwicklungsmöglichkeiten der Mitarbeitenden,
- mehr Handlungs- und Entscheidungsspielraum der Mitarbeitenden,
- Verbesserung der Mitwirkung an Beratungs- und Entscheidungsprozessen (vgl. Jung, 1999, S. 263).

Welche Rolle spielen nun Mitarbeitergespräche bei der Gestaltung von Organisationsentwicklung? Folgt man den Berichten von Bechinie (1992), Leonhardt (1991) und Nagel et al. (2005), so sind Mitarbeitergespräche in der Lage, die Vertrauensbeziehung zischen der Führungskraft und den Mitarbeitenden zu fördern. Dieses Vertrauen ist notwendig, um offen über die Ziele und Werte von Mitarbeitenden, die möglicherweise von den Zielen der Organi-

sationen abweichen, zu besprechen, Unterschiede festzuhalten und gemeinsam nach Lösungen zu suchen. Gerade in sozialen Einrichtungen kann es
aufgrund der spezifischen Personalstruktur zu unterschiedlichen Zielen und
Werten der Mitarbeitenden kommen, die individuell berücksichtigt werden
müssen (vgl. von Eckardstein, 2002, S. 310f.). Gerade wenn Organisationen
Veränderungen anstreben, sind Personalführung und Personalentwicklung die
wichtigsten Bestandteile dieser Veränderungsprozesse. Organisatorische Um-
gestaltungen sind auf Motivation, Einstellungen und Handlungsweisen der
Mitarbeitenden angewiesen, und können im Rahmen des Mitarbeitergesprächs
besprochen werden. Organisationsgestaltung und Personalentwicklung sind
konstitutiv miteinander verwoben (vgl. Merchel, 2004, S. 81).

3.5 Ablauf eines Mitarbeitergesprächs

Um Mitarbeitergespräche in einer Einrichtung erfolgreich und effektiv zu führen,
ist es wichtig, sie sorgfältig zu planen, auf wichtige Rahmenbedingungen zu
achten, die Gespräche strukturiert durchzuführen und ergebnisorientiert nach-
zubereiten. Auf diese Aspekte werde ich im folgenden Kapitel eingehen.

3.5.1 Die Gesprächsvorbereitung

Viele Führungspersonen unterschätzen nach Mentzel et al. (2004) oft die
Bedeutung der Vorbereitung von Mitarbeitergesprächen. Eine adäquate
organisatorische und inhaltliche Vorbereitung seitens der Führungskraft stellt
aber sicher, dass

- die Gesprächsdauer angemessen ist,
- sich die Führungskraft nicht auf die Beziehungsebene versteift,
- ebenso der/die Mitarbeiter/in seine/ihre Gesprächsanliegen mit einbringen kann,
- ein Erreichen oder ein Annähern der Gesprächsziele erfolgt und
- das Gespräch mit einem für beide Gesprächspartner akzeptablen
  Ergebnis endet (vgl. Mentzel et al., 2004, S. 21).

Die organisatorische Vorbereitung eines Mitarbeitergesprächs umfasst, je nach Gesprächsanlass, eine mündliche oder schriftliche Einladung. Wesentlich ist, dass der/die Mitarbeiter/in rechtzeitig über den Zeitpunkt, den Ort und den Anlass des Gesprächs informiert wird. Hierbei ist es wichtig, einen Ort und einen Zeitpunkt zu finden, an dem das geplante Gespräch ungestört durchgeführt werden kann. Ebenso sollte genügend Zeit für die Anliegen beider Seiten eingeplant werden.

Bei der inhaltlichen Vorbereitung ist es wichtig, dass über das angestrebte Gesprächsziel Klarheit herrscht und das Erreichen realistisch ist. In einigen Gesprächen wird zwischen einem Minimalziel, welches mindestens erreicht werden sollte und einem erwünschten Maximalziel unterschieden. Darüber hinaus können Alternativziele angedacht werden, wenn sich neue Sachverhalte während des Gesprächs ergeben, die eine Veränderung der ursprünglich angedachten Zielrichtung notwendig machen (vgl. Mentzel et al., 2004, S. 21f.).

Neben den sachlichen Aspekten der Gesprächsvorbereitung (Sachebene) sind die persönlichen Aspekte (Beziehungsebene) wichtig. Eine Führungskraft sollte sich auf den/die jeweilige/n Gesprächspartner/in vorbereiten. Sie sollte sich zum Beispiel überlegen, welche Einstellung sie zum/r Gesprächspartner/in hat, wie sie die Beziehung einschätzt und wie frühere Gespräche mit diesem Mitarbeiter/ dieser Mitarbeiterin verliefen.

Für das Gelingen eines Mitarbeitergesprächs ist es, so Sabel (1999), wichtig, dass sich alle Beteiligten auf dieses Gespräch vorbereiten. Deshalb sollte die Führungskraft den/die Mitarbeiter/in rechtzeitig über das geplante Mitarbeitergespräch mit den entsprechenden Gesprächsinhalten informieren (vgl. Sabel, 1999, S. 99). Fiege et. al (2001, S. 461) empfehlen darüber hinaus, dem/der Mitarbeiter/in die verwendeten Unterlagen (Leitfaden etc.) vorab zukommen zu lassen, um bei der Vorbereitung keine wichtigen Aspekte zu vergessen.

3.5.2 Die Durchführung

Um die Mitarbeitergespräche gut durchzuführen, sollten verschiedene Rahmen-bedingungen gewährleistet sein:

Bei der Wahl der Räumlichkeiten gibt es drei Möglichkeiten: das Büro der Führungsperson, das Büro des/r Mitarbeiters/in oder ein neutraler Ort (vgl. Meixner, 2001, S. 142). Alle drei Varianten besitzen Vor- und Nachteile, wie zum Beispiel der so genannte „Heimvorteil" des eigenen Büros. In der Literatur werden zu diesem Punkt verschiedene Standpunkte vertreten. Wichtig ist jedoch, dass unabhängig von den Räumlichkeiten, das Gespräch ungestört stattfinden kann.

Die Durchführungshäufigkeit schwankt bei den Autoren zwischen einem halbjährlichen bis zweijährlichen Rhythmus. Bechinie (1992) gibt zu bedenken, dass die Häufigkeit der Gespräche im Zusammenhang mit der Dauer der Betriebszugehörigkeit und des Alters des Mitarbeiters stehen sollte. Er empfiehlt mit jüngeren Mitarbeitern, häufiger Gespräche zu führen; bei älteren Mitarbeitern dagegen sei ein Rhythmus von zwei Jahren angemessen (vgl. Bechinie, 1992, S. 506). Sinnvoll erweist es sich, das Mitarbeitergespräch am Anfang eines „Geschäftsjahres" zu führen, um einerseits ein Resümee des letzten Jahres zu ziehen und andererseits Schwerpunkte für das kommende Jahr festzulegen und Zielvereinbarungen zu treffen (vgl. Lehky, 2003, S. 71; Meixner, 2001, S. 142). Grundsätzlich sind für Mitarbeitergespräche der Freitagnachmittag sowie der Zeitraum kurz vor Ende der Arbeitszeit weniger geeignet (vgl. Saul, 1995, S. 98). Zum Zeitrahmen der Gespräche wird in der Literatur meistens eine bis zwei Stunden vorgeschlagen. Wichtig ist, dass keine der Gesprächspartner/innen unter Zeitdruck steht und genügend Zeitpuffer eingeplant sind (vgl. ebd.).

Gespräche mit persönlichem Inhalt sollten grundsätzlich unter vier Augen und an einem runden Tisch stattfinden. Ist diese Sitzordnung nicht möglich, ist eine „Übereck-Sitzordnung" eine gute Alternative. Die Gesprächsteilnehmer/innen sollten sich nicht frontal gegenübersitzen, aber einander zugewandt sein (vgl. Saul, 1995, S. 98). Ebenso sollte die Sitzplatzwahl dem Mitarbeiter/der Mitarbeiterin überlassen werden, da dies unbewusst Hierarchien und Macht-symbole abbaut, und gleich zu Beginn des Gesprächs Achtung und Respekt signalisiert (vgl. Micheli, 2004, S. 18).

Die strukturierte Gesprächsführung obliegt der Führungskraft, die zum Mit-arbeitergespräch eingeladen hat. Sie eröffnet und beendet das Gespräch und wird meist auch auf den strukturierten Ablauf achten (vgl. Kießling-Sonntag, 2000, S. 45). Strukturierte Gesprächsführung bedeutet allerdings nicht, dass für das Gespräch ein starres und allgemeingültiges Ablaufschema vorliegt. Der Gesprächsverlauf ist nicht in allen Punkten planbar, und außerdem sollte der/ die Mitarbeiter/in die Möglichkeit haben, sich ausreichend einzubringen (vgl. Mentzel et al., 2004, S. 48).

In der Regel gibt es bei Mitarbeitergesprächen folgende Gesprächsphasen (vgl. Gehm, 1997, S. 92):

- *Kontaktaufnahmephase*
  In dieser Begrüßungsphase geht es um die Herstellung eines offenen und freundlichen Gesprächsklimas durch eine persönliche Begrüßung und so genannte „Smalltalk-Inhalte". Fiege et al. (1001, S. 462) sehen diese Phase als kritisch an, da hier für den weiteren Verlauf des Gesprächs die Voraussetzungen geschaffen werden. Unangemessene überschwängliche Herzlichkeit kann künstlich wirken und Misstrauen erzeugen, wenn sie nicht als kongruent erlebt wird. Ergebnisse der Emotionspsychologie haben belegt, dass die Stimmungslage Auswir-kungen auf die menschliche Informationsverarbeitung hat, und Inhalte, die in einer positiven Stimmung aufgenommen werden, besser in Erinnerung bleiben (vgl. Gehm, 1997, S. 92f.).

- *Informationsphase*
  Diese zweite Gesprächsphase soll Aufschluss über das Gesprächsziel geben. Der/die Mitarbeiter/in soll seine/ihre Ziele und Anliegen aber ebenso erläutern wie der/die Vorgesetzte (vgl. Breisig et al., 2001, S. 83).

- *Argumentationsphase*

  In dieser Gesprächsphase geht es um die Inhalte. Um einen Austausch zwischen den Beteiligten zu ermöglichen, muss dem/der Mitarbeiter/in ein ausreichender Gesprächsanteil zur Verfügung stehen. Echtes Argumentieren und Problemlösen sind Gegenstand dieser Phase (vgl. Fiege et al., 2001, S. 462f.). Breisig et al. (2001, S. 84) warnen davor, den/die Gesprächspartner/in überreden zu wollen, da dies nur ein kurzfristiger Erfolg wäre. Vielmehr gehe es um eine langfristige Überzeugung. Gerade in dieser Phase sind Kenntnisse zu speziellen Gesprächsführungstechniken von besonderer Bedeutung (vgl. ebd.).

- *Beschlussphase*

  Diese Phase kann dann eingeleitet werden, wenn alle wesentlichen Inhalte besprochen wurden und es keine weiteren Gesprächswünsche mehr gibt. Gemeinsame Beschlüsse sollten auch bei Dissens oder dem Nichterreichen der Gesprächsziele schriftlich festgehalten werden (vgl. Fiege et al., 2001, S. 463). Sind in der Zusammenfassung wichtige Aspekte nicht enthalten, so sind Ergänzungen an dieser Stelle unbedingt einzubringen. Denn oft werden aufgrund dieser Beschlussphase Folgemaßnahmen eingeleitet oder spätere Gespräche knüpfen an die hier erzielten Ergebnissen wieder an (vgl. Breisig, 2001, S. 84f.).

- *Abschlussphase*

  Der Abschluss des Gesprächs sollte wie der Beginn in positiver Stimmung verlaufen und erleichtert die positive Weiterführung des Kontakts auf der Beziehungsebene (vgl. Fiege et al., 2001, S. 463). Es geht in dieser Phase darum, die emotionale Nähe der Beteiligten zu stärken bzw. wieder herzustellen, wenn diese in der Argumentationsphase vernachlässigt wurde. Die Atmosphäre erinnert damit an die gesprächseröffnende Kontaktphase. Gehm (1997, S. 98) spricht deshalb treffend von einer „Sandwich-Struktur" des Gesprächs.

Saldern (1998, S. 31f.) betont, dass dennoch jedes Mitarbeitergespräch einzigartig, unwiederholbar und individuell ablaufen wird. Ungeachtet dessen kann es für den/die Vorgesetzte/n sinnvoll sein, sich an dem oben genannten Phasenverlauf zu orientieren.

3.5.3 Die Nachbereitung

Nach Fiege et al. (2001) dient die Nachbereitung zwei wesentlichen Zwecken: Zum einen kann eine Evaluation des Gesprächs durchgeführt werden, hinsichtlich der Frage, ob alle wesentlichen Themen angesprochen und alle angestrebten Ziele erreicht wurden. Eine Ursachenforschung möglicher Kommunikationsstörungen oder nicht erreichter Ziele kann hilfreich für weitere Gespräche sein. Das zweite Ziel einer Nachbereitung umfast die Umsetzung der im Gespräch getroffenen Vereinbarungen bzw. die Erstellung von Handlungsplänen (vgl. Fiege et al., 2001, S. 463). Crisand et al. (1997) empfehlen ebenfalls eine Gesprächsauswertung nach den Aspekten einer persönlichen und sachlichen Analyse. Bei der persönlichen Analyse werden zum Beispiel das Gesprächsklima und die Kommunikationssituation reflektiert, bei der sachlichen Auswertung stehen die Auswertung von Gesprächsnotizen, Folgehandlungen und die Veranlassung von Maßnahmen im Mittelpunkt (vgl. Crisand et al., 1997, S. 22).

3.6 Zielvereinbarungen

Bei Mitarbeitergesprächen spielen Zielvereinbarungen eine Rolle, sie sind jedoch intentional und thematisch breiter angelegt als das reine Zielvereinbarungsgespräch, weil auch Perspektiven der Personalförderung, Wahrnehmungen zur Organisation und einzelner Organisationsmitglieder etc. zu Gesprächgegenständen werden (vgl. Merchel, 2004, S. 87). Dabei ist Partizipation im Allgemeinen und Partizipation bei Zielvereinbarungen im Speziellen ein wichtiges Prinzip für eine nachhaltige Motivierung von Mitarbeitenden (vgl. a.a.O., S. 94). Das Leiten durch Zielvereinbarungen folgt diesem Grundsatz der Partizipation.

Nach dem 2. Weltkrieg wurde die bekannteste Managementkonzeption von Drucker (1954) entwickelt und erstmals vorgestellt: Management by Objectives (MbO) (Führung durch Zielvereinbarung). Dieses Führungskonzept wird von führenden Professor/innen als „ (...) das umfassendste und meistdiskutierte gesamtorganisatorische Führungssystem der Gegenwart bezeichnet" (Neubarth, 2000, S. 333). Diese Konzeption beinhaltet die Botschaft an die Führungskräfte, dass die Unternehmen effizienter seien, wenn mit den Mitarbeiter/innen spezifische und schwierige Ziele vereinbart werden. Zeitgleich wurde in der Psychologie die so genannte Zielsetzungstheorie entwickelt und anhand zahlreicher Studien überprüft. Mittlerweile gilt sie als eine der Theorien, die am besten abgesichert ist.[5]

Zielvereinbarungen finden heute nicht mehr nur im mittleren oder Topmanagement statt, sondern sie durchziehen alle Hierarchieebenen bis zur Gruppen- und Mitarbeiterebene. Ziel ist es, das unternehmerische Denken und Handeln aller Mitarbeitenden anzuregen und das Kreativitätspotenzial für das Unternehmen zu nutzen (vgl. Bungard & Kohnke, 2000, S. 7). „Gute Zielvereinbarungen bewirken, dass alle Anstrengungen zur Verbesserung und Weiterentwicklung auf wenige, besonders wichtige Prioritäten konzentriert werden" (Lurse & Stockhausen, 2002, S. 3). Die Autoren Lurse & Stockhausen (2002) betonen, dass durch die Konzentration auf Ressourcen und Energien Themen schneller erledigt werden und früher einen Nutzen erzeugen. Zudem verbessere der gesamte Prozess der Zielvereinbarungen durch die mit ihm verbundene Kommunikation eine Verbesserung in den Organisationen. Denn akzeptierte Ziele bewirken bei den Mitarbeitenden, dass diese sich engagiert bemühen, die Ziele in die Tat umzusetzen. „Zielvereinbarungen bilden den Rahmen für eine Verstärkung von Freiräumen und Eigenverantwortung in der Arbeit. Das fördert Eigeninitiative, Spaß und Selbstverwirklichung" (Lurse & Stockhausen, 2002, S. 3). Die Umsetzung messbarer Ziele fördert das Selbstvertrauen und macht Erfolge sichtbar. Durch Zielvereinbarungen können Schwachstellen verringert und mögliche Problemfelder transparenter gemacht werden. Nicht nur Mitarbeiter/innen, sondern auch Unternehmen können sich dadurch weiterentwickeln und schneller bessere Ergebnisse erzielen. Die Vereinbarungen von Zielen gilt in der Literatur heute als unverzichtbarer Bestandteil einer qualifizierten Führungskultur – unabhängig von der Größe des Unternehmens,

---

[5] Kohnke (2000) beschreibt ausführlich die Anwendung der Zielsetzungstheorie zur Mitarbeitermotivation und -steuerung.

und unabhängig davon, ob es sich um ein Wirtschaftsunternehmen oder eine Non-Profit-Organisation handelt (vgl. a.a.O., S. 4). Da im Hinblick auf die Umsetzung der Handlungsweise des Mitarbeitenden in sozialen Einrichtungen nicht bis ins letzte Detail planbar ist, weil es unter Umständen zu unvorher-gesehenen Reaktionen oder Aktionen der Klientel kommen kann, ist ein situationsangemessenes und eigenverantwortliches Handeln erforderlich. „Je mehr ein Mitarbeiter an der Zielvereinbarung beteiligt war, desto eher ist davon auszugehen, dass er deren Umsetzung und die Interessen der Organisation dabei entsprechend berücksichtigen wird" (Baxmann, 1999, S. 89). Verändert sich der Status des Mitarbeitenden vom Ausführenden zum Beteiligten, so steigt das Maß der Selbstkontrolle und je mehr er/sie sich mit den Zielen identifiziert, desto größer wird auch sein/ihr eigenes Interesse sein, diese Ziele zu erreichen.

Die nachfolgende Abbildung zeigt zusammenfassend die Vorteile der Ziel-vereinbarungen für das Unternehmen und die Mitarbeitenden:

Vorteile für Unternehmen

√ Mehr Konzentration auf Prioritäten

√ Bessere Ergebnisse

√ Schnellere Verbesserung

√ Systematische Erfolgskontrolle

√ Bessere Möglichkeiten zur Steuerung von Performance

√ Zufriedene Mitarbeiter/innen

√ Bessere Koordination und Zusammenarbeit

Vorteile für Mitarbeiter/innen

√ Strukturierteres, konzentrierteres Arbeiten

√ Klarheit der Erwartungen

√ Transparenz von Ergebnissen

√ Mehr Freiräume und Eigenverantwortung

√ Klarere Erfolgserlebnisse

√ Gezielteres Lernen

√ Führung einfordern können

√ Mehr Identifikationen und Motivation

Abb. 3: Was Unternehmen/Mitarbeitende durch „Führen mit Zielvereinbarungen" gewinnen

(nach Lurse & Stockhausen, 2002, S. 4)

Wissenschaftliche Untersuchungen belegen eine Effizienzsteigerung durch Zielvereinbarung sowohl in der ökonomischen als auch in der sozialen Dimension (vgl. Hentze et al., 1997, S. 641). Nach Kirchler & Rodler (2002, S. 72) werden in dem Instrument „Mitarbeitergespräch" motivierende Effekte gesehen und von den Mitarbeitenden als positiv bewertet. Ein Großteil der Mitarbeiter/innen empfindet die Maßnahme als sehr sinnvoll und ist der Ansicht, dass vor allem die Zieldefinition motivierend wirkt. Ergebnisse der internationalen Forschung der Sozialpsychologie zeigen, dass Mitwirkungsmöglichkeiten Identifikation und intrinsische Motivation erhöhen, Mitdenken und Vorausdenken fördern. Deshalb muss den Mitarbeitenden nach Maelicke (2004, S. 48) ein Höchstmaß an Mitwirkungs- und Mitgestaltungsmöglichkeiten gegeben werden. Führungskräfte sind dazu aufgefordert, zu delegieren und Verantwortung zu dezentralisieren.

3.7 Die Dokumentation von Mitarbeitergesprächen

Es gibt Einrichtungen, die auf eine schriftliche Dokumentation von Mitarbeitergesprächen verzichten. Andere hingegen legen großen Wert darauf, dass Führungskräfte und Mitarbeitende die Gesprächsinhalte schriftlich festhalten und mit ihrer Unterschrift auch ihr Einverständnis mit dem dokumentierten Ergebnis bestätigen.

Die Vorteile von standardisierten Gesprächsbögen sind neben der klaren Struktur für die einzelnen Gesprächsbausteine, auch der Nachweis, dass sie stattgefunden haben. Durch die Unterschrift der Beteiligten wird die Verbindlichkeit der getroffenen Aussagen dokumentiert. „Die erzielten Ergebnisse, vereinbarte Ziele, Leistungsbewertungen oder Vereinbarungen zur beruflichen Weiterentwicklung werden ebenfalls schriftlich festgehalten und können später für die Erstellung der Zeugnisse herangezogen werden" (Hofbauer & Winkler, 2002, S. 190). Darüber hinaus besteht die Möglichkeit, die Ergebnisse der/m nächsthöheren Vorgesetzten vorzulegen, wenn z.B. eine Beförderung oder Versetzung des Mitarbeiters/der Mitarbeiterin ansteht.

Bei einem Verzicht auf die schriftliche Dokumentation kann es leicht zu Missverständnissen kommen, denn die Gesprächsteilnehmer/innen werden das Gespräch unterschiedlich in Erinnerung behalten oder die Ergebnisse unterschiedlich interpretieren. Im Zweifelsfall wird es schwierig, nachzuvollziehen, welche Vereinbarung oder Absprache getroffen wurde oder wie sie zustande kam. Ebenso wird die Überprüfung der getroffenen Vereinbarungen nach längerer Zeit oder beim nächsten Gespräch erschwert. Den Vorteilen stehen zwei Nachteile gegenüber: die schriftliche Dokumentation schränkt die Gestaltung des Gesprächs ein und kann bürokratisch wirken. Der andere Nachteil besteht darin, dass eine absolute Vertraulichkeit nicht mehr gewährleistet werden kann, da schriftliche Unterlagen existieren und möglicherweise von Dritten eingesehen werden können (vgl. Hofbauer & Winkler, 2002, S. 190).

Wird der/die nächsthöhere Vorgesetzte mündlich oder anhand der Dokumentation schriftlich über die Ergebnisse des Mitarbeitergesprächs informiert, kann er/sie im Bedarfsfall nochmals auf die beruflichen Perspektiven oder die Zielvereinbarungen Einfluss nehmen, was sich unter Umständen als Vorteil herausstellen kann. Der Nachteil dieser Vorgehensweise ist, dass die Gesprächsinhalte nicht mehr vertraulich sind, und gegebenenfalls auch für „negative" Entscheidungen herangezogen werden können (vgl. Hofbauer & Winkler, 2002, S. 190f.).

Werden die Gesprächsbögen oder Protokolle in der Personalakte abgelegt, können die Entwicklungen und Leistungen der Mitarbeitenden kontinuierlich erfasst und nachvollzogen werden. Diese Unterlagen können als Grundlage für die Erstellung von Zeugnissen dienen oder auch für die Zusammenfassung von bisherigen Tätigkeiten und Aufgaben herangezogen werden. Allerdings geben Hofbauer & Winkler (2002, S. 191) zu bedenken, dass, je nachdem wer Einsicht in die Personalakten hat, die Leistung des Mitarbeitenden transparent wird. Vorgesetzte, die nicht am Mitarbeitergespräch teilgenommen haben, erhalten Informationen über die Stärken und Schwächen des Mitarbeitenden, seine beruflichen Perspektiven und vieles mehr. Da sie das Gespräch und seinen Verlauf nicht im Original mitverfolgen konnten, sondern nur die wichtigsten Ergebnisse zusammengefasst vorfinden, ist die Gefahr einer Missinterpretation dieser Unterlagen vorhanden. Diese Vorgehensweise kann Mitarbeiter/innen veranlassen, sich im Gespräch gut darzustellen, um primär einen vorteilhaften

Eindruck zu hinterlassen. Dies ist allerdings nicht im Sinne eines ehrlichen, wertschätzenden und konstruktiven Mitarbeitergesprächs.

Wird die Ablage des Protokolls in der Personalakte nicht erwünscht, kann die Führungskraft die Gesprächsunterlagen in der persönliche Ablage bis zum nächsten Gespräch aufbewahren und dem/r Gesprächsteilnehmer/in eine Kopie aushändigen. Diese Vorgehensweise gewährleistet, dass niemand Unbefugtes Einsicht in die Gesprächsergebnisse und Vereinbarungen erhält (vgl. Hofbauer & Winkler, 2002, S. 191).

Im vorliegenden Kapitel wurden theoretische und praktische Hintergründe beschrieben, die zur professionellen Durchführung eines Mitarbeitergesprächs notwendig sind. Im nächsten Kapitel geht es um die theoretischen Hintergründe der empirischen Sozialforschung in Vorbereitung auf meine eigene empirische Erhebung.

4 Empirische Sozialforschung

4.1 Grundlagen der empirischen Sozialforschung

Der Begriff Empirie stammt aus dem Griechischen und lässt sich mit „Sinneserfahrungen" übersetzen (vgl. Brüsenmeister, 2000, S. 13). Empirische Sozialforschung ist allerdings nicht nur erfahrungsgemäß, nicht bloße subjektive Beschreibung von sozialen Verhältnissen oder Erlebnisberichten einzelner Menschen. Sie muss bestimmten Kriterien der Wissenschaftlichkeit entsprechen, Objektivität wird angestrebt. „Das Erfassen gesellschaftlicher Daten muss intersubjektiv nachvollziehbar sein" (Atteslander, 2003, S. 7). Die systematische Erfassung bedeutet, dass unabhängig von Fähigkeiten oder Neigungen des/r Forscher/innen die einzelnen Schritte der Erforschung sozialer Tatbestände sowie ihre Deutung durch Dritte kontrollierbar und nachvollziehbar zu gestalten sind. Den sozialen Tatbeständen zuzurechnen sind beobachtbares menschliches Verhalten und von Menschen geschaffene Gegenstände. Ebenso gehören durch Sprache vermittelte Meinungen, Informationen über Erfahrungen, Einstellungen, Werturteile und Absichten zur sozialen Wirklichkeit.

Mittels empirischer Sozialforschung soll die Unübersichtlichkeit komplexer Vorgänge der sozialen Wirklichkeit durch Reduktion auf wesentliche Zusammenhänge wenigstens teilweise behoben werden (vgl. Atteslander, 2003, S. 3ff.). Es ist unmöglich, die soziale Wirklichkeit in ihrer Gesamtheit sinnesgemäß wahrzunehmen. Es sind immer nur Ausschnitte erfassbar und diese Ausschnitte werden erst sinnvoll, wenn sie systematisch und theorienorientiert erhoben werden. Um diesem Anspruch gerecht zu werden, orientiert sich die empirische Sozialforschung an drei grundlegenden Fragen: Welcher Ausschnitt soll erfasst werden, wie soll er erfasst werden und zu welchem Zweck soll er erfasst werden (ebd.)?

Generell kann zwischen qualitativen und quantitativen Ansätzen der empirischen Sozialforschung unterschieden werden. Diese beiden Forschungsrichtungen sind das gedachte Gegensatzpaar der Methoden der empirischen Sozialforschung. Die Unterscheidung stammt aus einem Methodenstreit, der infolge einer Arbeitstagung der Deutschen Gesellschaft für Soziologie im Jahr 1961 entbrannte. Auslöser waren die von Karl R. Popper (1962, S. 233 - 248) und Theodor W. Adorno (1962, S. 249 - 263) vorgetragene Referate zur „Logik der Sozialwissenschaften". Heute werden die Methoden eher pragmatisch je nach Situation verwendet. Wichtig dabei ist das eigene Erkenntnisinteresse, das die Auswahl der Methode bedingt. In den Sozialwissenschaften existieren verschiedene Datenerhebungsmethoden, unter anderem die Beobachtung, Inhaltsanalysen, Experimente und die Befragung (vgl. Schnell et al., 2005, S. 319f.).

Da die vorliegende Erhebung in Form einer Befragung durchgeführt wird, folgt nun die nähere Betrachtung dieser Methode.

4.2   Die Methode der Befragung

Die Befragung oder Umfrage ist eine der wichtigsten Daten-Erhebungs-methoden der empirischen Sozialforschung. Sie wird nach Atteslander (2003, S. 120) definiert als „(...) Kommunikation zwischen zwei oder mehreren Personen. Durch verbale Stimuli (Fragen) werden verbale Reaktionen (Antworten) hervorgerufen: Dies geschieht in bestimmten Situationen und wird geprägt durch gegenseitige Erwartungen". Die Befragung ist universell, sie kann bei allen Gelegenheiten und für verschiedene Zwecke eingesetzt werden. Bei der Befragung ist es wichtig, zwischen der alltäglichen und der wissen-schaftlichen Befragung zu unterscheiden: Die alltägliche Befragung wird zur bewussten oder unbewussten individuellen Problemlösung angewendet. Die wissenschaftliche Befragung unterscheidet sich nicht in der systematischen Vorbereitung von der alltäglichen Befragung, ebenso ist die Zielgerichtetheit kein Kriterium, das nur die wissenschaftliche Befragung kennzeichnet. „Der entscheidende Unterschied zwischen der alltäglichen und der wissen-schaftlichen Befragung besteht in der theoriegeleiteten Kontrolle der gesamten Befragung" (Atteslander, 2003, S. 123).

Nach der Art der Kommunikation können vier Typen von Befragungen unterschieden werden:
- Mündliche Befragung (face-to-face-Interview),
- Schriftliche Befragung (paper-and-pencil, klassischer Fragebogen),

- Telefonische Befragung (Telefoninterview, auch als computergestütztes Telefoninterview (CATI) wie bei Meinungsumfragen üblich),
- Elektronische Befragung (etwa per Internet als Computer Assisted Self Interviewing = CASI).

Befragungen können ferner nach dem Grad der Strukturierung oder Standardisierung unterschieden werden. Dabei kann es sich um völlig strukturierte oder sehr offene, unstrukturierte Befragungen handeln. Bei unstrukturierten, offenen Interviews gibt es nur minimale Vorgaben, im extremsten Fall nur die Vorgabe des Themas. Atteslander (2003, S. 145ff.) nennt diese Form eine „wenig strukturierte Befragung". Diese Interviewform ermöglicht es, qualitative Aspekte zu erfassen, zu interpretieren und hat das Ziel, Meinungsstrukturen und Sinnzusammenhänge der Befragten zu erheben. Den Gegenpool bildet das stark strukturierte Interview: „Bei einem vollständig strukturierten Interview werden a) alle Fragen mit b) vorgegebenen Antwort-kategorien in c) festgelegter Reihenfolge gestellt" (Diekmann, 2004, S. 374). Diese Interviewform dient dem Erfassen quantitativer Aspekte.

Noelle-Neumann & Petersen (2000) beschreiben in ihrem Aufsatz die Vor- und Nachteile des Telefoninterviews gegenüber den mündlich-persönlichen Inter-views „von Angesicht zu Angesicht". Ausgangspunkt ihrer Untersuchungen war die Annahme, dass es sich bei Telefonumfragen um gleichwertige Alternativen zu den „face-to-face" Umfragen handle, „(...) so daß nur ermittelt werden müsse, mit welcher Methode sich leichter repräsentative Stichproben bilden lassen, um zu entscheiden, ob Telefonumfragen oder mündlich-persönliche Umfragen grundsätzlich zu bevorzugen sind" (Noelle-Neumann & Petersen, 2000, S. 183). Die Autoren geben zu bedenken, dass im Telefoninterview eine Vielzahl von Fragebogenmethoden und somit Analysetechniken wegfallen, die im persönlich-mündlichen Interview eingesetzt werden können, wie zum Beispiel Antwortkarten, Diagramme, optische Skalen, Thermometer, laufende Männchen (Zeitskala) oder bei psychologischen Tests die Vorgabe optischer Stimuli etc. (vgl. Noelle-Neumann & Petersen, 2000, S. 184f.). Noelle-Neumann & Petersen sehen es als höchst bedenklich an, wenn Umfrageinstitute die Methode der face-to-face Umfrage gänzlich zugunsten der

Telefonumfrage aufgeben. „Die Folge ist zwangsläufig eine Verminderung der Umfragequalität, nicht, weil die Stichprobe weniger repräsentativ wäre, sondern weil der Frage-bogen verarmt. Und nichts hat einen größeren Einfluß auf Ergebnisse von Um-fragen als die Fragebogentechnik" (ebd.).

Hippler & Schwarz (1990, S. 440ff.) sehen allerdings eine Vielzahl von Vorteilen im Telefoninterview gegenüber den face-to-face-Befragungen: Telefonbe-fragungen sind häufig kostengünstiger (so entfallen zum Beispiel lange Wegekosten für die Interviewer/innen), größere Stichproben können in kürzerer Zeit und mit weniger Interviewern/innen realisiert werden. Durch Computer-unterstützung bei der Interviewführung (Computer-Assistiertes-Telefon-Inter-view = CATI) kann eine höhere Datenqualität erreicht werden, der Interviewer/inneneinfluss ist geringer als bei face-to-face Befragungen und kann besser kontrolliert werden und die Befragungssituation bleibt bei telefonischen Be-fragungen anonymer. Bedingt durch die Beschränkung auf den akustischen Kanal ist der Interviewer/inneneinfluss wesentlich reduziert. Der Einfluss Dritter auf Antworten des/r Befragten ist weitgehend ausgeschaltet, da nur der/die Befragte die Frage hört und deshalb unbeeinflusst antworten kann. Nicht nur das Problem der „sozial erwünschten Antworten" ist laut Anders (1990, S. 433) erheblich reduziert, sondern die Befragten antworten auch offener auf heikle Fragen. Insgesamt scheint das Telefoninterview weniger störanfällig zu sein als die mündlich-persönliche Befragung.

Für Hippler & Schwarz (1990, S. 444f.) ist die telefonische Befragung sowohl in technischer als auch in methodischer Hinsicht der persönlich-mündlichen Befragung bzw. der schriftlichen Befragung zumindest ebenbürtig, wenn nicht gar überlegen. Sie räumen ein, dass es auf dem Gebiet der Qualität und Zuverlässigkeit der erhobenen Daten weiterer Forschung bedarf.

Letztendlich bleiben für die Telefonbefragung neben den Vorteilen einige Nachteile bestehen. Entscheidend für den jeweiligen Einsatz des Forschungsinstruments ist neben der Forschungsfrage auch der Forschungsrahmen. Es gibt sicherlich Situationen, in denen eine persönlich-mündliche Befragung sich besser eignet als eine Telefonbefragung. Eine

Kombination der Telefoninterviews mit anderen Erhebungsarten scheint zukünftig besonders vielversprechend zu sein (vgl. Schenk, 1990, S. 380).

Da das Telefoninterview Grundlage meiner eigenen empirischen Erhebung sein wird, werden im folgenden Kapitel die geschichtliche Entwicklung, verschiedene Auswahlverfahren und die Fragebogenkonstruktion dargestellt.

4.3   Theoretische Grundlagen des Telefoninterviews

4.3.1 Geschichtliche Entwicklung der Telefonbefragung

In den USA wurden Telefoninterviews bis zu Beginn der 1970er Jahre als „quick-and-dirty"-Methode (Schnell et al., 2005, S. 363) bezeichnet. Ursache war eine schriftliche Umfrage aus dem Jahr 1936: Der amerikanische Literary Digest ermittelte in einer Umfrage, dass mit hoher Wahrscheinlichkeit der Präsidentschaftskandidat der Republikaner Alf Landon die Wahl vor seinem Kontrahenten, dem Demokraten Franklin D. Roosevelt, gewinnen werde. Das tatsächliche Wahlergebnis widerlegte diese Prognose. Die Grundlage für den Auswahlrahmen für die Gesamtheit der wahlberechtigten Bürger waren Telefonbücher, Listen der Autozulassungen und Zeitschriftenabonnements, wodurch zum damaligen Zeitpunkt Angehörige höherer Einkommensgruppen deutlich bevorzugt wurden. Diese Stichprobe enthielt überproportional viele einkommensstarke Personen und war verzerrt, weil sie nicht annähernd die wahlberechtigte Bevölkerung erfasste. Nicht nur die Stichprobenkonzeption sondern auch die Stichprobenrealisierung waren unzureichend, sodass die falsche Voraussage des Wahlausgangs nicht verwunderte. Für Telefonumfragen bedeutete dies allerdings, dass ihnen das Attribut „quick and dirty" anhaftete, da viele Umfrageforscher davon ausgingen, dass Personen in Haushalten mit Telefonanschluss nicht als Repräsentanten der gesamten Bevölkerungen angesehen werden können (vgl. Gabler et al., 1998, S. 9). Die telefonischen Bevölkerungsumfragen setzten sich in den USA erst Mitte der 1970er Jahre durch, als eine Ausstattung der Haushalte mit Telefonen von mehr als 90 % erreicht worden war (vgl. ebd.).

Als Gründe für die Durchsetzung telefonischer Umfragen in den USA nennt Frey (1989, S. 26f.) folgendes:

- Die Komplexität der gesellschaftlichen Bezüge verlangt nach schnellerer Bereitstellung von Daten,
- die gesunkene Akzeptanz von traditionellen Methoden und damit einhergehend die sinkende Teilnahmequoten bei mündlichen Interviews,
- die steigenden Kosten bei mündlichen Interviews,
- eine verbesserte Telefontechnologie,
- die Tatsache, dass fast die ganze Bevölkerung per Telefon erreichbar ist.

Deutschland trat erst mit erheblicher Zeitverzögerung in die methodische Diskussion der wissenschaftlichen Umfrageforschung ein. In Deutschland wurde die Telefondichte im Jahr 1975 auf 55 % geschätzt. „Erst Mitte der 80er Jahre wurde in der BRD ein Niveau der Ausstattung der Haushalte mit Telefonen verzeichnet, das Bevölkerungsumfragen per Telefon methodisch vertretbar erscheinen ließ" (Zeh, 1987, S. 337). Zu diesem Zeitpunkt waren zwar noch nicht alle Haushalte telefonisch erreichbar, aber die Unterschiede waren so gering, dass eine begründete Stichprobenverzerrung fast ausgeschlossen werden konnte. Die Methode der Telefonbefragung wurde zunehmend genutzt, sodass in Deutschland für das Jahr 1997 40 % (im Jahr 2000 45 %) der professionellen standardisierten Interviews als Telefoninterviews durchgeführt wurden. Weitere 19 % wurden als schriftliche Befragungen durchgeführt (vgl. Schnell et al., 2005, S. 363). Die deutsche Wiedervereinigung drosselte die Euphorie über die nahezu ungebremsten Einsatzmöglichkeiten der Telefonumfragen, da die Telefondichte in den neuen Bundesländern 1990 etwa 20 % betrug. Erst seit Mitte der 1990er Jahr ist auch im Osten Deutschlands die weitestgehende Versorgung der Haushalte mit Telefonen erreicht worden, damit gibt es inzwischen keine Verzerrungen der Stichproben mehr aufgrund von Unterschieden zwischen Telefonteilnehmern und Haushalten ohne Telefonanschluss (vgl. Gabler et al., 1998, S. 11). Die Telefondichte in Deutschland für das Jahr 2001 liegt bei 94 %, wobei sich die neuen und alten Bundesländer nur geringfügig unterscheiden (vgl. Heckel, 2002, S.11).

Die Methode der Datenerhebung mittels Telefoninterview gilt heute als gesichertes Instrument, und Verzerrungen durch die Wahl des Instrumentes können ausgeschlossen werden.

4.3.2 Die Auswahlverfahren der Telefonnummern

Grundsätzlich gibt es verschiedene Möglichkeiten, eine Zufallsstichprobe zu ziehen. Es können Stichproben auf Listenbasis (zum Beispiel Telefonbuch) entweder mit einem oder mehreren Verzeichnissen gezogen werden. Neben den Stichproben auf Listenbasis gibt es Möglichkeiten einer Zufalls-Ziffern-Anwahl (Random-Digit-Dialing = RDD). Mit diesen Methoden und Techniken haben alle Haushalte die gleiche Möglichkeit ausgewählt zu werden, unabhängig, ob die Telefonnummer gelistet oder publiziert wurde. In den letzten Jahren stieg die Anzahl der Haushalte, die nur noch über Handy erreichbar sind, stark an. Problematisch daran war die niedrige Eintragdichte in Telefonbüchern bzw. zentralen Verzeichnissen. Gabler und Häder entwickelten 1997 ein neues Design für die Bildung einer Auswahlgrundlage, die nicht eingetragene Haushalte in diesen Rahmen miteinbezieht (vgl. auch Heckel, 2002, S. 11 - 31; von der Heyde, 2002, S. 46 - 58).

Für die Auswahl der Untersuchungspersonen gibt es verschiedene Versionen, die Sozialwissenschaftler seit 1960 entwickelt haben. Die bekannteste ist die Last-birthday-methode: die Person im angerufenen Haushalt, die als letztes Geburtstag hatte wird als Untersuchungsperson ausgewählt. Einzelheiten zu Auswahlverfahren und Untersuchungsanordnungen sind ausführlich bei Frey et al. (1990, S. 58 - 111) dargestellt.

Das nächste Kapitel bezieht sich auf die Durchführungstechniken von Telefoninterviews und die Fragebogenkonstruktion, der im Telefoninterview zentrale Bedeutung zukommt.

4.3.3 Durchführungstechniken und Fragebogenkonstruktion

4.3.3.1 Durchführungstechniken

Eine ganz besondere Bedeutung kommt der Einleitung eines Telefoninterviews zu. Der Interview-Prolog muss dabei die Aufgabe erfüllen, die der/die Interviewer/in durch seine/ihre persönliche Anwesenheit in einem mündlichen Interview inne hat oder die einem Begleitschreiben in einer schriftlichen Fragebogen-Untersuchung zukommt. Bei einem persönlich-mündlichen Interview haben die Befragten die Möglichkeit, sich sowohl ein Bild von dem/r Interviewer/ in als Person, als auch von seiner/ihrer Glaubwürdigkeit, Vertrauenswürdigkeit und Kompetenz zu machen, bevor sie die Entscheidung treffen, am Interview teilzunehmen. Bei der postalischen Befragung können die Befragten vor ihrer Entscheidung das ganze Erhebungsinstrument studieren und sich einen Eindruck über kognitive Anforderungen, zeitlichen Aufwand, subjektive Relevanz und aktuelles Interesse am Thema verschaffen (vgl. Frey et al., 1990, S. 119f.).

Bei einem Telefoninterview übernimmt der Einleitungstext zum Interview die Aufgaben, Vertrauen zu schaffen und die Teilnahmebereitschaft bei der zu befragenden Person zu fördern. Gerade in dieser Phase wird die Basis des Vertrauens geschaffen, „(...) es muß jene anfängliche Skepsis ausgeräumt, jenes Zögern und Zaudern allmählich überwunden werden (...)" (a.a.O., S. 120). Bevor erste Zweifel bei den Angerufenen aufkommen, sollte der/die Interviewer/in von sich aus die Identifizierbarkeit mittels Rückruf anbieten. Des Weiteren muss der Grund des Anrufs erklärt, die Art der gewünschten Informationen skizziert, die Bedingungen des Interviews transparent und schließlich der individuelle Nutzen einer Teilnahme dargelegt werden. Neben einer generellen Bereitschaft, sich als Auskunft gebende Person an Bevölkerungsumfragen zu beteiligen, wächst die Antwortbereitschaft, wenn ein individuelles Interesse an einem Fragethema hinzukommt (vgl. Frey et al., 1990, S. 120).

Dillmann et al. (1976) konnten in ihrer Untersuchung zeigen, dass eine Kontaktaufnahme vor dem eigentlichen Interviewbeginn die Verweigerungsraten senkte und die Qualität der Erhebungsdaten bei Bevölkerungsumfragen verbessert werden konnte. Dabei war es unerheblich, ob es sich um eine telefonische oder schriftliche Vorab-Kontaktaufnahme handelte (vgl. Frey et al., 1990, S. 119f.).

Ein erster Vorab-Telefonanruf im ausgewählten Haushalt kann genutzt werden, um allgemein ins Thema einzuführen, Forschungszwecke und -ziele darzustellen und sich als Untersuchungsträger/in vorzustellen. In der Praxis werden solche Anrufe allerdings durchgeführt, um private Haushalte und dadurch Personen auszuwählen und die Untersuchungsteilnehmer/innen über die Auswahlkriterien zu informieren. Bei diesem Vorab-Anruf kann auf einen zweiten Anruf verwiesen werden und möglicherweise schon ein individueller Termin vereinbart werden. Durch den ersten Anruf soll Vertrauen aufgebaut und die Wahrscheinlichkeit einer positiven Reaktion beim zweiten Anruf erhöht werden, es sei denn, „(...) es bildet sich nach und aufgrund des ersten Kontakts eine genau entgegengesetzte Einstellung heraus" (Frey et al., 1990, S. 124).

Briefe vor der ersten telefonischen Kontaktaufnahme schaffen ebenso wie Telefonanrufe Vertrauen und erhöhen die Antwortbereitschaft bei den zu interviewenden Personen. Sie vermitteln nicht nur Informationen über die geplante Umfrage, ihre Themen und die Umsetzung, und die Auswahl der Telefonnummern, sondern geben auch Gelegenheit, Vor- und Nachteile, Aufwand und Nutzen gegeneinander abzuwägen. Das Ankündigungsschreiben demonstriert weiterhin Echtheit, Glaubwürdigkeit und Authentizität der Befragung, wirklich ein Forschungsinterview durchzuführen, das heißt, der/die Befragte kann nicht den Eindruck gewinnen, es handele sich bei dem Telefonanruf um einen Werbeanruf oder gar einen Scherz (vgl. Frey et al., 1990, S. 121ff.). Außerdem hat der/die Interviewer/in bei der telefonischen Kontaktaufnahme weniger Anlaufschwierigkeiten und kann sich zu Beginn des Telefonats auf das Ankündigungsschreiben beziehen (vgl. Schnell et al., 2005, S. 370). Das allgemeine Problem, wie ernsthaft, redlich und aufrichtig Ziele und Vorhaben eines/r Telefonanrufers/in einzuschätzen sind, bleibt natürlich immer bestehen.

Die Literatur über die schriftliche Mitteilung des bevorstehenden Telefoninterviews beschreibt einige Merkmale, die es zu beachten gilt: der Brief sollte nicht länger als eine Seite sein, außerdem mit persönlichen Grüßen und handschriftlich von dem/r Untersuchungsleiter/in unterschrieben werden. Lange und verschachtelte Sätze sollen ebenso wie Fremdwörter vermieden werden, der Text soll insgesamt anregend, motivierend und persönlich wirken. Je nach Forschungsgegenstand, Untersuchungsziel und Befragtengruppen wird sich der Brief in Inhalt, Aufbau und Ausdrucksweise unterscheiden. Im Allgemeinen sollten jedoch folgende Elemente oder Bausteine enthalten sein:

- „Kurze Beschreibung der Untersuchungsinhalte, der Forschungsziele und der durchführenden Institutionen.
- Knappe Schilderung der Auswahl der Telefon-Haushalte (...).
- Angaben darüber, von wem und wann voraussichtlich im Haushalt des Anschlußinhabers angerufen wird; (...).
- Mehr oder minder explizite Auskunft über die voraussichtliche Dauer des Telefoninterviews, (...).
- Ausdrückliche Zusage der unbedingten Vertraulichkeit der individuellen Datenaufbereitung und der absoluten Gewährleistung der anonymisierten Datenanalyse" (Frey et al., 1990, S. 123).

Weiterhin kann auf den gesellschaftspraktischen Wert einer freiwilligen Teilnahme verwiesen werden. Werden tabubesetzte Themen angesprochen, so kann es nützlich sein, dem/r Befragten die Möglichkeit einzuräumen, nach Erhalt des Schreibens einen Kontrollanruf zu tätigen. Hilfreich kann auch die Zusage sein, den Untersuchungsteilnehmern/innen die Forschungsergebnisse zu Verfügung zu stellen bzw. zukommen zu lassen.

4.3.3.2 Fragebogenstruktur

Da bei einem Telefoninterview durch die Reduzierung auf verbal-akustische Kommunikation die visuellen Hilfen entfallen, muss diese Situation bei der Konstruktion eines Fragebogens in besonderer Weise berücksichtigt werden. Da der/die Interviewer/in nur geringe Möglichkeiten hat, einzuschätzen, ob der/die Befragte Fragen falsch versteht, unkonzentriert ist oder sich gar langweilt, muss ein Fragebogen so gestaltet sein, dass er:

- „(...) die Bereitschaft eines Befragten zur Teilnahme am Telefoninterview weckt,

- den Interviewer befähigt, die Aufmerksamkeit des Befragten für die Gesamtdauer des Interviews auf sich zu ziehen,

- vom Interviewer leicht zu handhaben ist, um Interviewfehler zu vermeiden und

- es dem Befragten leicht gemacht wird, dem gesamten Interview zu folgen" (Schnell et al., 2005, S. 368f.).

Verschiedene wissenschaftliche Untersuchungen (z.B. Dillmann et al., 1976; Dillmann, 1978; Groves & Kahn, 1979) dokumentieren, dass sich Verweigerungen nach der Einleitung, jedoch vor der ersten Frage ereignen (vgl. Schnell et al., 2005, S. 369f.).

Die ersten Fragen im Telefoninterview gelten als „Eisbrecherfragen" (Frey et al., 1990, S. 137) und sollten so klar wie möglich formuliert werden. In dieser Eröffnungsphase sollten Fragen gestellt werden, die leicht und ohne Hemmungen beantwortet werden können, und dem/der Befragten das Gefühl der Kompetenz vermitteln, indem unmittelbar ihr eigener individueller Erfahrungshintergrund angesprochen und abgefragt wird. In der Praxis der Telefonbefragungen wird häufig mit den statistischen oder soziodemographischen Daten begonnen. Das Interesse und die Motivation des/r Befragten zur Interviewteilnahme kann dadurch gemindert werden, da der/die Befragte glauben kann, dass er/sie sich unter falschen Voraussetzungen zum Interview bereitgefunden hat (vgl. Schnell et al., 2005, S. 371). Nach Dillmann (1978, S. 219f.), der sich als einziger mit dem Problem „der ersten Frage" auseinander gesetzt hat, soll die erste Frage eine geschlossene Frage sein, die zwei bis drei Antwortmöglichkeiten vorsieht. Als zweite soll sich eine offene Frage anschließen, damit der/die Befragte die Möglichkeit hat, zu seiner/ihrer „Telefonstimme" zu finden. Die Teilnehmenden können dadurch ermutigt werden, im Interview durchgängig ihre eigene Meinung zu äußern und persönliche Antworten zu geben. In der Interviewsituation sollte „(...) eine durch wechselseitige Kooperationsbereitschaft und Sympathie gekennzeichnete Beziehung entstehen können" (Frey et al., 1990, S. 138). Ein positives Kommunikationsklima und eine offene

Atmosphäre hängen nicht nur von den ersten Fragen ab, sondern auch von jenem Bild, das der/die Angerufene sich über den/die Interviewer/in macht, wie Fragen gestellt werden und auf Antworten reagiert wird. Sind beim persönlichen Interview Blickkontakt, Mimik, äußere Erscheinung und Gestik Einflussfaktoren auf die Interaktion, so werden beim Telefoninterview paralinguistische Elemente bewertet, die die Interaktion steuern: Stimmqualität, Artikulation, Interjektion, Modulation und andere Kennzeichen des Sprechverhaltens wie Pausen oder Unterbrechungen (vgl. Schenk, 1990, S. 381).

5 Eigene empirische Untersuchung

5.1 Gegenstand der Erhebung

Da es unmöglich ist, die soziale Wirklichkeit in ihrer Gesamtheit sinnesgemäß wahrzunehmen (vgl. Atteslander, 2003, S. 3ff.), werden immer nur Ausschnitte erfasst. Dabei ist es wichtig, den Ausschnitt, der erfasst werden soll, fest-zulegen und zu bestimmen, wie und zu welchem Zweck er erfasst werden soll (vgl. ebd.). Werden diese drei Fragen auf die vorliegende Arbeit angewendet, so bedeutet dies, dass die sozialen Einrichtungen bzw. die Einrichtungen der stationären Jugendhilfe den Ausschnitt darstellen, der erfasst werden soll. Er wird erfasst durch eine stark strukturierte Befragung, die als Telefoninterview durchgeführt wird, mit dem Zweck, herauszufinden, wie in der Praxis das Mitarbeitergespräch geführt wird und ob es bei der Durchführung von Mitarbeitergesprächen Unterschiede hinsichtlich der Merkmale gibt.

In der vorliegenden Arbeit stellt das „Heimverzeichnis Rheinland-Pfalz" (2005) die Grundlage für die Auswahl der Einrichtungen dar. Auf eine Zufallsstichprobe wird verzichtet, da die Forschungsfrage unter anderem die Größe der Einrichtungen berücksichtigt und somit bewusst größere und kleinere Einrichtungen ausgewählt und befragt werden.

5.2 Vorbereitung der Telefonbefragung und Pretest

5.2.1 Vorbereitung der Telefonbefragung

Die Telefonbefragung fand in der Zeitspanne von drei Wochen im Januar 2006 statt. Geeignete Einrichtungen wurden mittels des Heimverzeichnisses Rheinland-Pfalz (Stand 06.12.2005), welches das Landesjugendamt zur Verfügung stellte, ermittelt. Alle ausgewählten Einrichtungen befinden sich in freier Trägerschaft. Bei der Auswahl aus 165 gelisteten Einrichtungen, wurde darauf geachtet, dass verschiedene Einrichtungsträger befragt werden und dass sowohl kleine als auch große Träger, die eine oder mehrere stationäre Wohngruppen unterhalten, in die Befragung einbezogen werden. Anfang Januar 2006 wurde mit 22 ausgewählten, unterschiedlichen Einrichtungen der stationären Jugendhilfe in Rheinland-Pfalz Kontakt aufgenommen. Zielpersonen der Befragung waren Führungskräfte innerhalb der Einrichtungen auf unterschiedlichen Hierarchieebenen (Gruppenleitungen, Bereichsleitungen und Einrichtungsleitungen). Zu den ausgewählten Zielpersonen wurde schriftlich Kontakt aufgenommen, bei 12 Einrichtungen war der Name der Führungskraft bekannt, bei den anderen zehn Einrichtungen wurde das Schreiben an die „Leitung" bzw. an die „Gruppenleitung" gerichtet.

Nach ca. einer Woche wurde der telefonische Kontakt zu den Einrichtungen aufgenommen. In den meisten Fällen war mehr als ein Anruf nötig, um mit der jeweiligen Zielperson einen Telefontermin für das Interview zu vereinbaren. Bei drei der angeschriebenen Einrichtungen konnte ich die jeweilige Zielperson trotz mehrfacher Anrufe nicht persönlich erreichen. Die Mitarbeiter/innen sicherten mir in allen Fällen mehrfach Rückrufe zu, die allerdings ausblieben. Als nach dreimaliger Bitte um Rückruf dennoch eine Rückmeldung ausblieb, entschied ich, diese Reaktion als Verweigerung zu bewerten. Bei zwei Einrichtungen konnte trotz Erreichen der Zielpersonen keine Befragung durchgeführt werden. Die Zielpersonen hatten zwar die Stellung einer Gruppenleitung inne, dennoch führten sie selbst keine Mitarbeitergespräche durch. Die Personalführung im Allgemeinen und die Durchführung von Mitarbeitergesprächen im Speziellen oblag in diesen beiden Einrichtungen Führungspersonen auf der Trägerebene.

17 der 22 angeschriebenen Institutionen konnten mittels Fragebogen interviewt werden. Die Dauer der Telefonbefragung betrug durchschnittlich 20 Minuten. Bei zwei Telefonaten wurde die Zeit mit einer Dauer von 30-35 Minuten deutlich überschritten. Bei Einrichtungen, die keine Mitarbeitergespräche führen, betrug das Telefoninterview im Durchschnitt 10 Minuten.

Bei keinem Interview kam es zu einer Verweigerung zu Beginn des Telefonats oder während der Durchführung.

Die Antworten auf alle Fragen wurden während der telefonischen Befragung in dem vorgefertigten Fragebogen parallel protokolliert und im Anschluss transkribiert.

Da die Daten aus dem Feld heraus erhoben wurden, besteht keine Vergleichsgruppe und es werden überwiegend Angaben zur Häufigkeit und Art der Durchführung von Mitarbeitergesprächen gemacht. Vergleiche zu vorhandenen Studien oder vorangegangenen Untersuchungen sind nicht möglich, da keine publizierten Untersuchungen zu diesem Thema recherchiert werden konnten.

5.2.2 Der Pretest

Die Befragung wurde als Telefoninterview mit einem stark strukturiertem Fragebogen[6] durchgeführt, um sicherzustellen, dass bei allen Befragten in der gleichen Reihenfolge die gleichen Fragen gestellt werden, damit die Antworten ausgezählt, verglichen und zueinander in Beziehung gesetzt werden können.

Zur Überprüfung des Messinstruments „Fragebogen" wurde im Vorfeld mit drei Führungskräften der stationären Jugendhilfe ein Pretest durchgeführt. Dieser Pretest diente der Überprüfung
- der ausreichenden Variation der Antwortvorgaben,
- der Verständlichkeit der Fragen für die Führungskraft,
- der Klarheit der angegebenen Kategorien,
- des inhaltlichen Aufbaus des Fragebogens,

---

[6] Der Fragebogen befindet sich im Anhang.

- des Schwierigkeitsgrades der Fragen für die Führungskraft,
- des Interesses und der Aufmerksamkeit der Führungskraft gegenüber den Fragen,
- der Kontinuität des Interviewablaufs,
- der Güte der Filterführung,
- der Dauer der Befragung,
- des Interesses der Führungskraft gegenüber der gesamten Studie.

Bei diesem Pretest stellte sich heraus, dass einzelne Antwortvorgaben erweitert und infolge dessen die Filterführung angepasst werden musste.

Darüber hinaus wurde die mündliche Begleitung durch den Fragebogen überarbeitet, sodass vermehrt Hinweise zu Beginn des Fragebogens gegeben wurden, wie er inhaltlich aufgebaut ist und wie die Fragen gestaltet sind (offene oder geschlossene Fragen mit entsprechenden Antwortvorgaben).

Nach diesen Veränderungen und Überarbeitungen wurde ein Abschluss-Pretest durchgeführt, bei dem es zu keinerlei Veränderungen mehr kam.

5.3 Der Aufbau des Fragebogens

Bei dem Aufbau des Fragbogens wurde berücksichtigt, dass die statistischen Daten am Ende des Interviews abgefragt werden, und dies in den einleitenden Worten zu Beginn der Befragung mitgeteilt wird. Ebenso wurde in den einleitenden Worten erneut auf die Anonymität hingewiesen und kurz der Fragebogen-Aufbau vorgestellt. Um keine inhaltlichen Missverständnisse aufkommen zu lassen, wurde das Mitarbeiterjahresgespräch bzw. Mitarbeiter-entwicklungsgespräch kurz umrissen, ohne suggestiv einzuwirken: Ein Gespräch über die berufliche Situation und Perspektiventwicklung des/r Mitarbeiters/in ohne einen äußeren Anlass.

Bei den ersten Fragen wurde der Empfehlung Dillmanns (1978, S. 219f.) gefolgt, der als erste Frage eine geschlossene Frage empfiehlt, die zwei bis drei Antwortvorgaben vorsieht. Als zweite Frage wurde eine offene Frage gewählt, um dem/der Befragten die Möglichkeit zu geben, seine/ihre Telefonstimme zu finden und ihn/sie dadurch zu ermutigen, durchgängig im Interview seine/ihre eigene Meinung zu äußern.

Strukturell ist der Fragebogen so aufgebaut, dass im ersten Fragenkomplex allgemeine Fragen zum Mitarbeitergespräch gestellt wurden (Fragenkomplex A)). Neben der Häufigkeit werden die äußeren Rahmenbedingungen und inneren Faktoren (wie Gefühle, Einstellungen etc.) und ihre Einwirkung auf Mitarbeitergespräche abgefragt. Weitere geschlossene Fragen erkundigen sich nach dem Vorhandensein eines Leitfadens zur Gesprächsführung und eines Leitfaden für die Gesprächsvorbereitung seitens des/r Mitarbeiters/in. Die letzte Frage dieses Fragenkomplexes ist die Frage nach der Durchführung von anderen anlassbezogenen Gesprächen.

Fragenkomplex B) bezieht sich ganz auf das zuletzt geführte Gespräch der Führungskraft mit einem/r seiner/ihrer Mitarbeiter/innen: wann das Gespräch geführt wurde, wie lange es gedauert hat, welche Inhalte Gegenstand des Gesprächs waren, und ob bzw. welche Zielvereinbarungen getroffen wurden.

Bei dem sich anschließenden Fragenkomplex C) wird die Führungskraft gebeten, einen gedanklichen Rollenwechsel vorzunehmen. Sie soll sich in die Rolle des/r Mitarbeiters/in einfinden und sich in das zuletzt geführte Mitarbeitergespräch mit dem/der nächsthöheren Vorgesetzten hineinversetzen. Auch hier geht es darum, wann das Gespräch geführt wurde, wie lange es gedauert hat, welche Inhalte besprochen wurden, und ob bzw. welche Zielvereinbarungen getroffen wurden. Bei den Fragenkomplexen B) und C) wurde das jeweils zuletzt geführte Gespräch gewählt, um so punktgenau wie möglich die Praxis abzufragen. Es sollte damit vermieden werden, dass Führungskräfte zu Verallgemeinerungen verleitet werden und somit die Praxis der Mitarbeitergespräche nur ungenau wiedergespiegelt wird.

Teil D), Frage 27 ist eine einzelne Frage zum Führungsverhalten von männlichen und weiblichen Führungskräften, bei der nach Unterschieden im Führen von Mitarbeitergesprächen gefragt wird. Es wird bewusst nach der subjektiven Meinung der Führungskräfte gefragt, um zu überprüfen, ob Annahmen über geschlechtsspezifische Führungsstile in der sozialpädagogischen Praxis zu finden sind.

Die statistischen Daten im Abschnitt E) gliedern sich in E.I) Einrichtungsbezogene Daten und E.II) Personenbezogene Daten. Bei den einrichtungsbezogenen Merkmalen wird untersucht, ob die Einrichtung ein Leitbild und ein Führungsleitbild hat. Darüber hinaus wurde nach tarifrechtlichen Grundlagen gefragt: Da das Tarifwerk des öffentlichen Dienstes (BAT), an dem sich die meisten Einrichtungsträger orientieren, gekündigt wurde und an dessen Stelle ab 01.10.2005 der neue Tarifvertrag (TVöD) getreten ist, entsteht für ein an Leistungsentgelten orientiertes System die Notwendigkeit von Mitarbeitergesprächen. „Ab dem 1. Januar 2007 wird ein Leistungsentgelt eingeführt, das als Leistungsprämie oder -zulage zusätzlich zum Entgelt gezahlt wird" (ver.di, 2006, o.S.). Auch wenn diese Regelung erst ab 2007 wirksam wird, empfiehlt ver.di (2006), dass die Einrichtungen schon jetzt mit den Vorbereitungen der betrieblichen Umsetzung beginnen sollen. Hier sollen erste Auswirkungen auf die Träger bezüglich der Durchführung von Mitarbeitergesprächen auf der Grundlage des § 5 TVöD (Qualifizierung) erfasst werden.

5.4 Die Auswertung der Daten

Die Auswertung der Daten wird analog des Fragebogens vorgenommen. Die geschlossenen Fragen werden als Häufigkeitsauszählungen ausgewertet. Die offenen Fragen werden daraufhin untersucht, ob es mehrere gleiche oder ähnliche Antworten gibt bzw. welches generelle Antwortverhalten sich zeigt.[7]

5.4.1 Auswertung A) Allgemeine Fragen zum Mitarbeitergespräch

Die Auswertung der Fragebögen ergibt, dass 8 der insgesamt 17 befragten Führungskräfte regelmäßig Mitarbeitergespräche führen (47 %). Weitere drei führen sie unregelmäßig (18 %) und sechs der befragten Einrichtungen führen sie gar nicht (35 %). Deutlich wird hier, dass die Einrichtungen insgesamt mehrheitlich grundsätzlich Mitarbeitergespräche führen.

N=17

Abb. 4: Häufigkeit der Durchführung von Mitarbeitergesprächen

In einer Einrichtung wird diese in der Erhebung untersuchte Form des Mitarbeitergesprächs auch Perspektiv- oder Führungsgespräch genannt (vgl. 15/1).

---

[7] Belege werden in der Form angegeben, dass die erste Zahl das Interview-Protokoll kennzeichnet und die zweite Zahl die Frage im Protokoll benennt (Beispiel: „14/2" bedeutet Interview-Protokoll 14, Frage 2).

Eine Führungskraft gab an, dass der Träger plane, Mitarbeitergespräche ein-
zuführen, der Zeitpunkt sei allerdings noch unklar (vgl. 13/1). In einer anderen
Einrichtung hat der Arbeitgeber als Ziel für das Jahr 2006 vorgegeben,
Mitarbeitergespräche durchzuführen.

In den Einrichtungen, in denen die Mitarbeitergespräche regelmäßig geführt
werden (N=8), variiert die Durchführungshäufigkeit. Die Ergebnisse schwanken
zwischen vierteljährlichen Gesprächen und Gesprächen, die alle zwei Jahre
geführt werden. Die Mehrzahl der Befragten führt die Mitarbeitergespräche
einmal im Jahr.

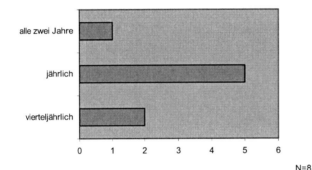

Abb. 5: Durchführungsrhythmus von Mitarbeitergesprächen

Eine Führungskraft erklärte, dass in der Einrichtung die jährlichen Gespräche
bei Bedarf auch öfter durchgeführt werden können, die Regel sei allerdings
einmal pro Jahr (vgl. 2/1). Eine andere Einrichtung wertet aktuell das Instrument
Mitarbeitergespräche einrichtungsintern mit einem Fragebogen aus. Sobald das
Ergebnis vorliegt, sollen die Gespräche halbjährlich stattfinden (vgl. 12/1).

Auf die Frage nach der Bedeutung der äußeren Rahmenbedingungen wurde
häufig als Antwort Zeit, Ruhe, ein ansprechendes Setting bzw. eine angenehme
Atmosphäre genannt. Für die Gespräche müsse bei der Terminplanung
genügend Zeit einkalkuliert werden. Weiterhin wird es allgemein als wichtig
erachtet, dass die Gesprächspartner/innen vorbereitet sind. Die Führungsperson im Interview 12 erklärt als wichtige Voraussetzung, dass „(...) es keine
direkten Konflikte zwischen Mitarbeiter und Vorgesetztem gibt. Sollte es

Konflikte geben, findet das Gespräch nicht in geplanter Form statt" (12/3). Eine andere Führungskraft findet es wichtig, das Gespräch nicht am Arbeitsplatz des Mitarbeiters und nicht im Büro des Vorgesetzten zu führen (vgl. 14/3). Rechtliche und verwaltungsrechtliche Grundlagen müssen bei einer anderen Einrichtung beachtet werden und würden somit auf die Gespräche einwirken (vgl. 7/3).

Auf die Frage nach der Bedeutung der inneren Faktoren auf Mitarbeiter-gespräche wurden folgende Antworten genannt: Neben der Beziehungsqualität werden auch die Offenheit und das Vertrauensverhältnis zwischen Mit-arbeitenden und Vorgesetzten als Faktoren genannt, die sich auf die Ge-spräche auswirken. „Es kommt auf die Enge des Zusammenarbeitens an, wie oft man sich sieht. Die persönliche Sympathie spielt eine Rolle. Und ob es Alltagskonflikte gibt" (3/2). Eine andere Führungsperson misst der strukturellen Beziehung zur Führungskraft auch eine große Bedeutung bei: „Die Beziehung zu dem Vorgesetzten spielt eine große Rolle" (14/2). Eine weitere Führungs-person sagt, dass die Offenheit wichtig ist, damit Dinge klar benannt werden können. In den Gesprächen kann dann arbeitsbezogene Kritik geäußert werden, die nicht persönlich werden darf (vgl. 6/2). „Die Offenheit seitens der Leitung wirkt sich aus, man muss eine neutrale bis positive Einstellung zum Mitarbeiter haben. Der Mitarbeiter steht im Mittelpunkt" (15/2).

Das Gefühl der Angst wurde in zwei Gesprächen benannt: „Angst spielt bei solchen Gesprächen auch eine Rolle, was einem passiert in so einem Gespräch" (14/2). Auch bei neuen Mitarbeitern/innen kann es nach Aussage der befragten Zielperson zu Angst kommen: „Neue Mitarbeiter haben Angst vor dem ersten Gespräch. Kommunikationstechniken helfen, die Entwicklung weiter zu bringen" (11/2). Darüber hinaus wurden weitere Faktoren genannt, die Einfluss auf die Gespräche nehmen: die Qualität des Teams, die persönliche Situation und das Vorhandensein eines „Zustand(s) der inneren Ruhe" (4/2).

Die Frage nach dem Vorhandensein eines Leitfadens zur Durchführung von Mitarbeitergesprächen ergibt, dass zehn von elf Führungskräften, die grundsätzlich Mitarbeitergespräche führen, unabhängig ob regelmäßig oder unregelmäßig, diese zu 91 % mittels Leitfaden realisieren.

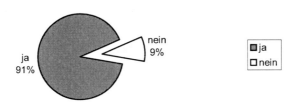

N=11

Abb. 6: Nutzung eines Leitfadens zur Durchführung von Mitarbeitergesprächen

Das Erscheinungsbild des Leitfadens ist vielfältig. In einer Einrichtung gibt es einen Leitfaden, der die Rahmenbedingungen des Mitarbeitergesprächs beschreibt, in dem mögliche Fragen als Vorschlag aufgelistet sind und Empfehlungen ausgesprochen werden, wie dokumentiert werden soll, und was bei Zielvereinbarungen zu beachten ist (vgl. 12/3). Bei einer anderen Einrichtung dient eine Punkteliste als Leitfaden, auf der alle zu besprechende Punkte im Vorfeld gemeinsam mit dem Mitarbeiter/der Mitarbeiterin gesammelt werden (vgl. 11/3). Ein Flussdiagramm, in dem alle Fakten notiert sind, dient für eine andere Führungskraft als Leitfaden (vgl. 10/3).

Die Frage danach, ob es einen Leitfaden zur Vorbereitung für die Mitarbeitenden gibt, wurde zu 64 % mit „Ja" beantwortet (sieben Führungskräfte) (N=11). In 27 % der befragten Einrichtungen, die Mitarbeitergespräche führen, haben die Mitarbeiter/innen keinen Leitfaden für die Gesprächsvorbereitung (drei Führungskräfte). Eine Einrichtung gibt unsystematisch einen Leitfaden zur Gesprächsvorbereitung an die Mitarbeitenden aus (vgl. 6/4).

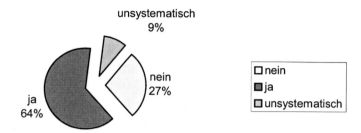

N=11

Abb. 7: Übersicht über vorhandene Leitfäden zur Gesprächsvorbereitung

Eine Führungskraft, die die Einrichtungsleitung erst seit fünf Monaten inne hat, plant, einen Leitfaden zur Gesprächsvorbereitung zu erstellen (vgl.10/4). In einer anderen Einrichtung ist der Leitfaden Bestandteil des Mitarbeiter- handbuchs, das jeder Mitarbeiter/jede Mitarbeiterin bei Stellenantritt ausge- händigt bekommt. Vor den jeweiligen Mitarbeitergesprächen bekommt der/die Mitarbeitende zusätzlich nochmals eine Kopie aus dem Mitarbeiterhandbuch zur Vorbereitung ausgehändigt (vgl. 15/4).

Ausnahmslos alle Einrichtungen, die klassische Mitarbeitergespräche führen, führen auch aus anderen Anlässen Gespräche mit den Mitarbeitenden.

5.4.2 Auswertung B) Fragen zum zuletzt geführten Mitarbeitergespräch

Die Auswertung dieser Fragen bezieht sich auf das zuletzt geführte Mitarbeitergespräch zwischen der interviewten Zielperson und einer ihrer Mitarbeiter/innen.

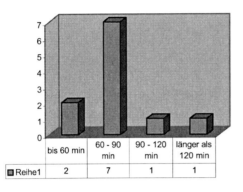

	bis 60 min	60 - 90 min	90 - 120 min	länger als 120 min
Reihe1	2	7	1	1

N=11

Abb. 8: Dauer der Mitarbeitergespräche

Die Abbildung zeigt den zeitlichen Umfang der Mitarbeitergespräche: Die meisten der geführten Mitarbeitergespräche dauern zwischen 60 und 90 Minuten. In zwei Einrichtungen dauerte das Gespräch jeweils 45 Minuten, in anderen Einrichtungen dauerte es einmal 120 Minuten und einmal 3,5 Stunden. Deutlich wird hier eine mehrheitliche Dauer von Mitarbeitergesprächen mit einem zeitlichen Umfang von 60 bis 90 Minuten.

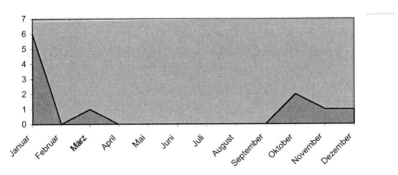

N=11

Abb. 9: Jahresübersicht der Mitarbeitergespräche

Vier der Befragten hatten zum Zeitpunkt der Befragung aktuell das letzte Jahresgespräch geführt, bei zwei Einrichtungen lag das Gespräch ein Jahr zurück und der Folgetermin war geplant. Die anderen Einrichtungen führten das Gespräch im Oktober, November und Dezember. Bei einer Einrichtung fand das Gespräch im März 2005 statt. Die Durchführung der Mitarbeitergespräche findet eher am Jahresende bzw. zu Jahresbeginn statt und hat ihren Gipfel im Januar.

Im folgenden Abschnitt wird dargestellt, welche Inhalte in den untersuchten Gesprächen besprochen wurden. Die Führungskräfte wurden im Interview gefragt, worüber sie im Mitarbeitergespräch mit ihrem/r Mitarbeiter/in ge-sprochen haben. Zuerst wird die Häufigkeit der Gesprächsinhalte dargestellt. In der sich anschließenden Abbildung 12 wird vorgestellt, wie viele der Gespräche alle Kriterien aufweisen. Schließlich wird dokumentiert, wie viele Ziele in den Gesprächen vereinbart wurden und welchem Themenkomplex sie zugeordnet sind.

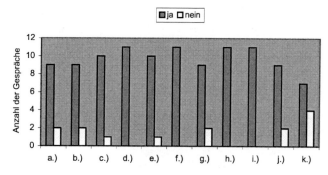

N=11

Abb. 10: Inhalte der Mitarbeitergespräche

a.)   Probleme, die bei der Arbeit des Mitarbeitenden auftreten

b.)   Rückblick auf den vergangenen Zeitraum (seit letztem Gespräch)

c.)   Die Stärken des Mitarbeitenden

d.)   Positive Aspekte, die bei der Arbeit aufgetreten sind

e.)   Die Schwächen des Mitarbeitenden

f.)   Die gemeinsame Zusammenarbeit

g.)   Arbeitsschwerpunkte für den nächsten Zeitraum

h.)   Entwicklungsperspektiven des Mitarbeitenden

i.)   Maßnahmen der Fort- und Weiterbildung

j.)   Feedback an Führungskraft

k.)   Vereinbarungen über die zukünftige Zusammenarbeit

Die oben genannten Kategorien sind abgeleitet aus der Definition zum Mitarbeitergespräch.

In der voranstehenden Darstellung wird deutlich, dass in allen Gespräche über d.), die positiven Aspekte, die bei der Arbeit aufgetreten sind, gesprochen wurde. Ebenso waren die Themen f.) gemeinsame Zusammenarbeit, h.) Entwicklungsperspektiven des Mitarbeiters/der Mitarbeiterin und i.) Maßnahmen der Fort- und Weiterbildung immer Gesprächsgegenstand. In einem Gespräch wurde nicht über die Stärken, in einem anderen nicht über die Schwächen des Mitarbeiters/der Mitarbeiterin gesprochen.

Eine Einrichtung hat zusätzliche Inhalte als Standard in das Mitarbeitergespräch mitaufgenommen: Die Führungskraft bespricht regelmäßig die Punkte „Einsatzfreude", „Auswirkung der beruflichen Situation auf die private Ebene" und „innovative Beiträge" mit den Mitarbeitern/innen.

Werden die geführten Mitarbeitergespräche hinsichtlich der Gesamtberücksichtigung der Merkmale betrachtet, so ergibt sich folgendes Bild:

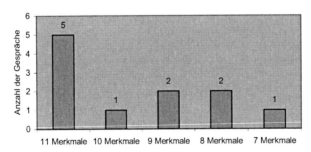

N=11

Abb. 11: Anzahl der besprochenen Merkmale

In fünf Einrichtungen wurden Mitarbeitergespräche geführt, in denen alle im Fragebogen thematisierten Inhalte besprochen wurden. In einer Einrichtung wurden zehn Merkmale besprochen, jeweils in zwei Einrichtungen neun und acht Merkmale, in einer Einrichtung sieben Merkmale. Weniger als sieben Merkmale wurden in keiner Einrichtung besprochen. Hier wird die Tendenz deutlich, dass die Mitarbeitergespräche eher umfassend stattfinden und viele der Kriterien beinhalten: In über 80 % der Gespräche wurde mehr als neun Merkmale besprochen.

Die Fragen nach dem Treffen von Zielvereinbarungen ergibt folgende Verteilung: In zehn Gesprächen (91 %) wurden Zielvereinbarungen getroffen. In einem Gespräch (9 %) wurde keine Zielvereinbarung getroffen (N=11).

N=11

Abb. 12: Gespräche mit Zielvereinbarungen

Bei den Führungskräften, die Zielvereinbarungen getroffen hatten, wurden im Fragebogen die Inhaltsbereiche der Ziele abgefragt. Es wurden vier Inhaltsbereiche unterschieden: der Bereich Arbeitsinhalt, der Bereich Zusammenarbeit und Führung, der Bereich Veränderungs- und Entwicklungsperspektiven und sonstige Ziele. Alle Bereiche wurden mit Angabe der zahlenmäßigen Vereinbarungen abgefragt. Es ergibt sich folgende Darstellung:

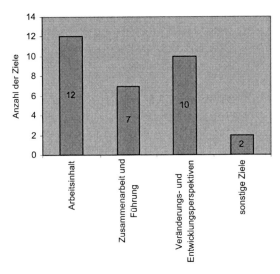

N=10

Abb. 13: Inhalte der Zielvereinbarungen

Insgesamt wurden in den zehn geführten Gesprächen 31 Ziele vereinbart. Darin enthalten sind zwölf Ziele zum Bereich Arbeitsinhalt, sieben Ziele zum Bereich Zusammenarbeit und Führung und zehn Ziele zum Bereich Veränderungs- und Entwicklungsperspektiven. Zwei Ziele wurden in einem Gespräch vereinbart, die nicht den genannten Bereichen zuzuordnen waren. Durchschnittlich wurden 3,1 Ziele pro Mitarbeitergespräch vereinbart.

Acht der befragten Führungskräfte sind der Meinung, dass die vereinbarten Ziele umgesetzt werden. Zwei Vorgesetzte antworteten mit „weiß nicht", wobei ein Gespräch mit den Zielvereinbarungen zum Zeitpunkt der Befragung erst zwei Tage zurück lag, und die Führungskraft das Veränderungspotential nicht einschätzen konnte und deshalb mit „weiß nicht" antwortete. Alle Führungskräfte, die Zielvereinbarungen getroffen hatten überprüfen diese Vereinbarungen (N= 10).

Wird die Praxis der Dokumentation (N=11) des Mitarbeitergesprächs näher betrachtet, zeigt sich folgendes Bild: Das Mitarbeitergespräch wurde in neun Gesprächen (82 %) dokumentiert, bei zwei Gesprächen (18 %) gibt es kein Protokoll.

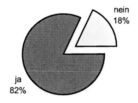

N=11

Abb. 14: Dokumentation des Mitarbeitergesprächs

Die Protokollform ist unterschiedlich: es gibt Verlaufsprotokolle, Ergebnisprotokolle oder vorgefertigte Bögen. In einer Einrichtung gibt es ein Fragenraster, das analog als Protokollraster verwendet wird. Teilweise werden die Gesprächsdokumentationen in der Personalakte aufbewahrt. In einigen (größeren) Einrichtungen werden die Schriftstücke in so genannten Personal-Nebenakten aufbewahrt, da unklar war, wer auf der Trägerebene die Protokolle lesen würde (vgl. 3/16). Auf die Frage, ob der/die Mitarbeiter/in ein Duplikat der Dokumentation bekommt, antworteten zwei der Führungskräfte mit „Nein", sieben mit „Ja".

Hinsichtlich der motivationalen Effekte durch das Führen der Mitarbeitergespräche, bemerken viele Führungskräfte eine Steigerung der Motivation an verschiedenen Anhaltspunkten: „Die Motivation lässt sich am Engagement und Interesse des Mitarbeiters feststellen" (3/14). In einer anderen Einrichtung zeigen Mitarbeiter/innen eine hohe Bereitschaft an Flexibilität, zusätzlich im Dienstplan einzuspringen oder bei Krisen länger zu bleiben. Die Motivation zeige aber auch, dass die Mitarbeitenden eigene Ideen einbringen und Eigeninitiative zeigen würden (vgl. 6/14). Eine andere Führungskraft erzählt, „(...) dass die Augen anfangen zu glänzen, wenn besprochen wird, was der

Mitarbeiter von seinen Fähigkeiten einbringen oder umsetzen kann (z.B. ein neues Angebot gestalten)" (15/14). Die Zielperson aus Interview 17 stellt eine Steigerung der Motivation und der Effizienz des/r Mitarbeiters/in fest und macht dies an der Einstellung der Mitarbeiterin sowie an der Nachhaltigkeit fest (vgl. 17/14). Eine Führungskraft merkt kritisch an, dass die Motivationssteigerung durch die Gespräche schlecht messbar ist, da es keinerlei Vergleichsmöglichkeiten zur Arbeitssituation ohne Mitarbeitergespräche gäbe (vgl. 2/14).

Drei der Befragten machten an dieser Stelle im Fragebogen zusätzliche Angaben: „(...) regelmäßige Mitarbeitergespräche steigern die Qualität, sie sollten vierteljährlich geführt werden, sodass man ganz dicht dran ist. Mitarbeitergespräche, in denen keine Zielvereinbarungen getroffen werden, bringen nichts, es ist zu unverbindlich. Sie müssen festgehalten werden, dann bringt's was" (10/16).

Eine andere Zielperson antwortete, dass das Mitarbeitergespräch Auswirkungen auf das pädagogische Team habe. Der Mitarbeiter/die Mitarbeiterin würde die Inhalte des Gesprächs im Team erzählen und auch getroffene Zielvereinbarungen mitteilen, sodass dadurch Prozesse in Gang gesetzt würden und Dynamik ins Team komme (vgl. 12/16).

Die wichtigsten Ergebnisse des Mitarbeitergesprächs sollten nach Aussage einer Interview-Partnerin am Ende des Gesprächs gemeinsam zusammengefasst werden. An dieser Stelle könne auch ein Schlusswort von beiden Seiten möglich sein, unabhängig vom strukturierten Fragenkatalog (vgl. 14/16).

5.4.3 Auswertung C) Fragen zum zuletzt geführten Mitarbeitergespräch in der Rolle als Mitarbeiter/in

Dieser Fragenkomplex bezieht sich auf das zuletzt geführte Mitarbeitergespräch der Zielperson in ihrer Rolle als Mitarbeiter/in mit dem/r nächsthöheren Vorgesetzten. Die Führungskräfte wurden gebeten, in Gedanken einen Rollenwechsel vorzunehmen und sich in das letzte Mitarbeitergespräch, das mit ihnen geführt wurde, zurückzuversetzen.

Gefragt wurde nach der Durchführungshäufigkeit des Mitarbeitergesprächs auf nächsthöherer Ebene[8]. Mit den Zielpersonen (N=17) werden zu 24 % regelmäßig Mitarbeitergespräch geführt (4). Mit weiteren 35 % werden die Mitarbeitergespräche unregelmäßig geführt (6). Mit 41 % werden keine Mitarbeitergespräche geführt (7).

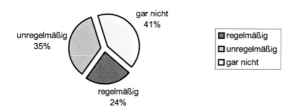

N=17

Abb. 15: Durchführungshäufigkeit von Mitarbeitergesprächen auf nächsthöherer Hierarchieebene

Die nächste Frage erfasst den Sachverhalt, ob die nächsthöhere vorgesetzte Führungskraft innerhalb der Einrichtung oder auf Trägerebene zu verorten sei. Diese Frage zielt darauf ab, herauszufinden, auf welcher nächsthöheren Hierarchieebene das Mitarbeitergespräch stattfindet.

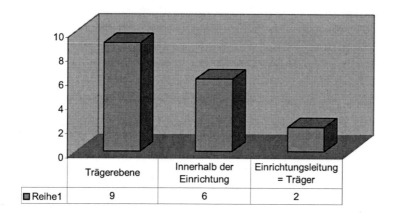

N=17

Abb. 16: Übersicht über die nächsthöheren Hierarchieebenen

---

[8] Zur besseren inhaltlichen Verständlichkeit wird die Auswertung dieser Frage entgegen dem Fragebogenverlauf vorgezogen. Zuerst wird die Durchführungshäufigkeit ausgewertet, dann die nächsthöhere Hierarchieebene näher beleuchtet.

Bei neun Führungskräften (N=17) war die nächsthöhere Führungskraft auf Trägerebene angesiedelt. Bei sechs Führungskräften war der/die nächsthöhere Vorgesetzte innerhalb der Einrichtung zu finden.

In zwei Einrichtungen waren die Einrichtungsleitungen gleichzeitig Träger (beide Einrichtungsleitungen unterhalten je eine sozialpädagogisch betreute Wohngruppe/Heimeinrichtung).

Unterscheidet man diese Gruppen hinsichtlich der Einrichtungsebene und der Trägerebene, zeigt sich innerhalb der Einrichtungsebene folgendes Bild: die Hälfte der Befragten hat kein Mitarbeitergespräch (drei Führungskräfte), mit der anderen Hälfte (drei Führungskräfte) werden regelmäßig Mitarbeitergespräche geführt. Der Turnus bei diesen Gesprächen variiert von halbjährlichen Gesprächen bis hin zu einmal jährlich stattfindenden Gesprächen. Es ergibt sich folgende grafische Darstellung:

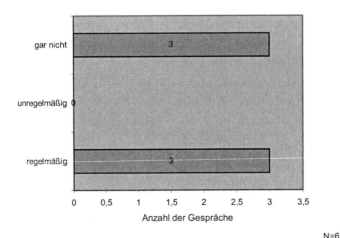

Abb. 17: Durchführungsrhythmus von Mitarbeitergesprächen auf Einrichtungsebene

Nachfolgende Abbildung stellt die Situation der Durchführung der Mitarbeiter-gespräche, die auf der Trägerebene geführt wurden, dar:

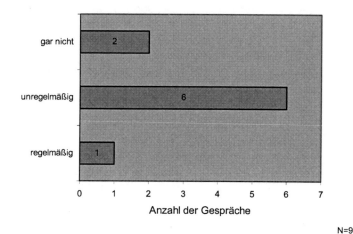

Abb. 18: Durchführungsrhythmus von Mitarbeitergesprächen auf Trägerebene

Mit zwei Zielpersonen wird kein Mitarbeitergespräch geführt. Mit sechs Führungskräften führt die Trägerebene unregelmäßig Mitarbeitergespräche, eine Führungskraft gibt an, dass mit ihr regelmäßig Mitarbeitergespräche ge-führt werden, der Turnus liegt bei zwei Jahren.

In den beiden Einrichtungen, in denen die Einrichtungsleitung identisch mit der Trägerebene ist, werden keine Mitarbeitergespräche geführt.

Daraus folgt in der Gesamtsicht, die die Einrichtungs- und die Trägerebene mit einschließt, dass mehrheitlich Mitarbeitergespräche geführt werden. Eine weitere Feststellung ist, dass auf der Trägerebene im Vergleich zur Ein-richtungsebene mehr Mitarbeitergespräche geführt werden.

Betrachtet man die Gesprächsdauer auf der nächsthöheren Hierarchieebene, so zeigt sich, dass drei Mitarbeitergespräche kürzer als 60 Minuten waren, vier Gespräche dauerten zwischen 60 und 90 Minuten. Ein Gespräch dauerte fast 120 Minuten. Darüber hinaus war ein Gespräch 2,5 Stunden und ein Gespräch 6 Stunden lang. Hier zeigt sich - im Vergleich zu Abbildung 8 - eine Tendenz zu eher kürzeren Mitarbeitergesprächen.

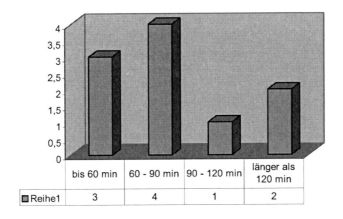

N=10

Abb. 19: Dauer der Mitarbeitergespräche auf nächsthöherer Hierarchieebene

Da die Mitarbeitergespräche in größeren zeitlichen Abständen stattfinden, wurde im Fragebogen das Datum abgefragt, wann das letzte Mitarbeitergespräch mit der interviewten Führungskraft stattfand. Da bei dieser grafischen Darstellung die Unregelmäßigkeit der Durchführungshäufigkeit von Mitarbeitergesprächen eingearbeitet ist, stellt das Ergebnis eine Zeitschiene der beiden letzten Jahre dar: der Zeitraum beginnt im Januar 2004 und endet im Januar 2006 mit dem Zeitpunkt der Befragung. Acht der insgesamt elf Gespräche fanden seit Oktober 2005 statt.

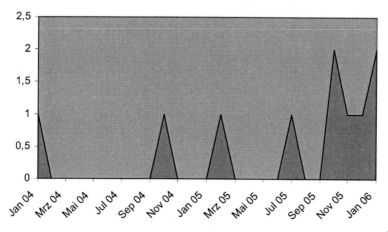

N=10

Abb. 20: Jahresübersicht des zuletzt geführten Mitarbeitergesprächs

Wie auch im Fragenkomplex B) wurden hier die Inhalte des geführten Mitarbeitergesprächs abgefragt. Es waren die gleichen Antwortkategorien wie im bereits genanten Fragenkomplex B) vorgebeben. Die Ergebnisse sind in der Grafik verdeutlicht:

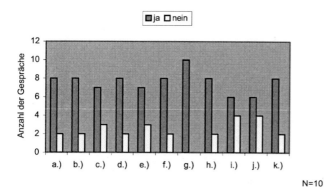

N=10

Abb. 21: Inhalte der Mitarbeitergespräche mit den Zielpersonen

a.)   Probleme, die bei der Arbeit des Mitarbeitenden auftreten

b.)   Rückblick auf den vergangenen Zeitraum (seit letztem Gespräch)

c.)   Die Stärken des Mitarbeitenden

d.)   Positive Aspekte, die bei der Arbeit aufgetreten sind

e.)   Die Schwächen des Mitarbeitenden

f.)   Die gemeinsame Zusammenarbeit

g.)   Arbeitsschwerpunkte für den nächsten Zeitraum

h.)   Entwicklungsperspektiven des Mitarbeitenden

i.)   Maßnahmen der Fort- und Weiterbildung

j.)   Feedback an Führungskraft

k.)   Vereinbarungen über die zukünftige Zusammenarbeit

Als einziges Thema war g.) Arbeitsschwerpunkte für den nächsten Zeitraum (bis zum nächsten Gespräch) in allen Gesprächen Gegenstand. Keine weitere Inhaltskategorie wurde in allen Gesprächen besprochen. Ein Vergleich mit den Gesprächsinhalten in Abbildung 10 zeigt, dass auf der nächsthöheren Hierarchieebene wesentlich weniger über Entwicklungsperspektiven des Mitarbeitenden gesprochen wurde, weniger Feedback gegeben und weniger über Maßnahmen für Fort- und Weiterbildungen gesprochen wurde.

Werden auch hier die Gespräche hinsichtlich der Gesamtberücksichtigung der Merkmale betrachtet, so ergibt sich folgende Verteilung: In drei Einrichtungen wurden mit der interviewten Zielperson Mitarbeitergespräche geführt, in denen alle elf im Fragebogen abgefragten Inhalte besprochen wurden. In drei weiteren Gesprächen wurden zehn Merkmale besprochen. In einem Gespräch wurden sieben Merkmale diskutiert. In je einem Gespräch waren einmal fünf und einmal zwei Merkmale Gegenstand des Dialogs. Auffällig ist hier, dass insgesamt häufiger weniger Merkmale im Mitarbeitergespräch besprochen wurden. In fast der Hälfte der Gesprächen wurden weniger als 80 % der Inhalte besprochen.

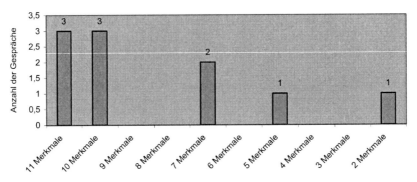

N=10

Abb. 22: Anzahl der besprochenen Merkmale mit der Zielperson

In den untersuchten Mitarbeitergesprächen zwischen der Zielperson und der nächsthöheren Hierarchieebene (N=10) wurden in insgesamt neun Gesprächen Zielvereinbarungen getroffen (90 %). In einem Gespräch wurden keine Zielvereinbarungen getroffen (10 %).

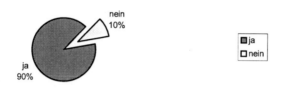

N=10

Abb. 23: Gespräche mit Zielvereinbarungen auf nächsthöherer Ebene

Bei den Zielpersonen, mit denen Zielvereinbarungen getroffen wurden, wurden die Inhaltsbereiche der Ziele abgefragt. Auch hier wurde wie im Fragenkomplex B) vier Bereiche unterschieden: der Bereich Arbeitsinhalt, der Bereich Zusammenarbeit und Führung, der Bereich Veränderungs- und Entwicklungsperspektiven und sonstige Ziele. Alle vereinbarten Ziele wurden zahlenmäßig den einzelnen Bereichen zugeordnet. Es lässt sich folgende Verteilung darstellen:

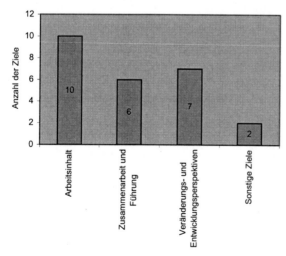

N=9

Abb. 24: Inhalte der Zielvereinbarungen auf nächsthöherer Ebene

Insgesamt wurden in den neun geführten Gesprächen zehn Ziele zum Bereich Arbeitsinhalt vereinbart, sechs Ziele zu dem Bereich Zusammenarbeit und Führung, sieben Ziele zu Veränderungs- und Entwicklungsperspektiven, sowie in einem Gespräch zwei weitere, sonstige Ziele. Durchschnittlich wurden 2,7 Ziele pro Mitarbeitergespräch vereinbart.

Die Vorgesetzten auf der nächsthöheren Ebene dokumentierten zu 60 % die Mitarbeitergespräche, 40 % verfassten keine Dokumentation des Gesprächs (N=10).

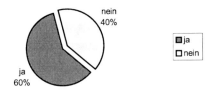

N=10

Abb. 25: Dokumentation des Mitarbeitergesprächs mit Zielperson

Von den zehn Zielpersonen, bei denen das Gespräch dokumentiert wurde, bekamen von vier der Führungskräfte ein Duplikat des Gesprächs. Zwei bekamen keine Abschrift des Protokolls.

5.4.4 Auswertung D) Frage zum Führungsverhalten von männlichen und weiblichen Führungskräften

Die Frage nach subjektiven Unterschieden von männlichen und weiblichen Vorgesetzten beim Führen von Mitarbeitergesprächen wurde sehr mannigfaltig beantwortet: In einer Einrichtung gibt es nur männliche Führungskräfte, deshalb kann die interviewte Zielperson keine Aussage darüber treffen (vgl. 2/27). Andere Antworten reichen von „es gibt keine Unterschiede" (3/27) über „es gibt kleine Unterschiede" (10/27), bis zu „ja, es gibt Unterschiede" (11/27). Die Unterschiede werden von den interviewten Frauen folgendermaßen wahrgenommen: „Männliche Vorgesetzte gehen bei den Gesprächen nicht in die Tiefe, es wird eher abgehandelt. Frauen zeigen viel Emotionen und sind manchmal auch persönlich betroffen" (11/27) (vgl. auch 15/27; 6/27). Die pädagogische Leiterin einer Einrichtung vertritt die Meinung, dass Frauen als Vorgesetzte ihren Arbeitsstil in den Prozessen mitreflektieren, während Männer dies nicht in dieser Form machen würden (vgl. 17/27). Ein Einrichtungsleiter antwortet, dass es kleine Unterschiede gibt. „Frauen planen langfristiger, und beziehen die Unternehmensziele langfristiger mit ein. Männer sind eher kurzfristiger und impulsiver. Wer fleißig und tüchtig ist, bei dem spielt das Geschlecht keine Rolle" (10/27). Eine Führungskraft erklärt: „Es gibt generell Unterschiede beim Führen von Mitarbeitergesprächen, diese liegen innerhalb der Person, aber nicht am Geschlecht" (12/27). Zusammenfassend lässt sich sagen, dass Frauen tendenziell als prozessorientierter und emotionsbezogener wahrgenommen werden.

5.4.5 Auswertung E) Statistische Daten

5.4.5.1 Einrichtungsbezogene Daten

Die Frage nach dem Leitbild beantworteten 14 der befragten Einrichtungen mit „Ja", zwei Einrichtungen haben kein Leitbild, eine Einrichtung machte zu dieser Frage keine Angabe (N=17).

Ein Führungsleitbild existiert in neun Einrichtungen, sieben Institutionen haben kein Führungsleitbild, eine Einrichtung machte zu dieser Frage keine Angabe.

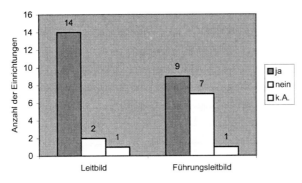

N=17

Abb. 26: Leitbild und Führungsleitbild in Einrichtungen

Die arbeitsrechtlichen Grundlagen wurden in vorgegebenen Kategorien abge-fragt. Der BAT/TVöD ist ähnlich stark vertreten wie der eigene Haustarif und die Arbeitsvertragliche Richtlinien (AVR) der freien Träger. Die folgende Grafik verdeutlicht, dass es nur wenige sonstige rechtliche Konstrukte gibt. Eine Einrichtung machte zu dieser Frage keine Angabe.

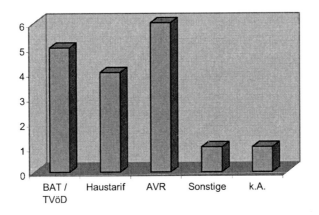

N=17

Abb. 27: Übersicht über rechtliche Grundlagen der Arbeitsverträge

Die Führungskräfte, die in der Einrichtung nach BAT/TVöD vergüten, wurden nach den neuen TVöD-Richtlinien zum Mitarbeitergespräch gefragt. Keine Zielperson kannte die Regelung. Infolgedessen konnte auch keine Angabe gemacht werden, wann die neuen Richtlinien innerhalb der Einrichtung umgesetzt werden.

5.4.5.2 Personenbezogene Daten

Die nachfolgende Grafik zeigt, dass 71 % (12) der befragten Führungskräfte männlich, 29 % (5) weiblich sind.

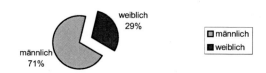

N=17

Abb. 28: Geschlechterverteilung in Führungspositionen

Die Daten, für wie viele Mitarbeiter/innen die interviewte Führungskraft zuständig ist, wurden in nachfolgendem Schaubild als Punkte dargestellt. Jede Einrichtung wird durch einen Punkt abgebildet. Es zeigt sich, dass die meisten der befragten Führungskräfte für bis zu 20 Mitarbeiter/innen zuständig sind. Zwei Führungskräfte sind für bis zu 40 Mitarbeiter/innen zuständig. Drei Einrichtungen sind in der Grafik nicht als Punkte abgebildet, da die Einrichtungsgröße die grafische Darstellung erschwert. Eine Einrichtungsleitung ist für 180 Mitarbeiter/innen zuständig, zwei Führungspersonen für 80-100 Mitarbeiter/innen (N=17).

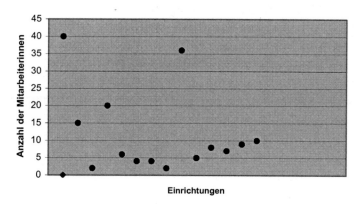

N=17

Abb. 29: Anzahl der Mitarbeiter/innen der Führungskraft

Die Führungskräfte wurden nach ihren Grundqualifikationen gefragt; das Ergebnis ist im nachfolgenden Schaubild verdeutlicht:

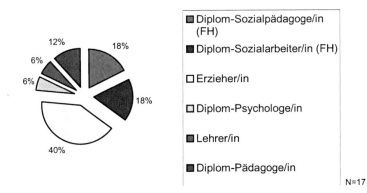

Abb. 30: Qualifikationen der Führungskräfte

Den größten Anteil der Berufsqualifikationen haben die Erzieher/innen inne. Die Diplom-Sozialpädagogen/innen (FH) und Diplom-Sozialarbeiter/innen (FH) sind jeweils mit 18 % gleichstark in Führungspositionen vertreten. Da die Ausbildungen sehr ähnlich sind und in manchen Bundesländern keine getrennten Studiengänge mehr angeboten werden, lassen sich die beiden Professionen zusammenfassen.[9] Sie bilden somit den zweitgrößten Anteil der Führungskräfte mit 36 %. Mit dem Abschluss Diplom-Pädagoge/in finden sich zwei Führungskräfte in der Führungsposition. Je einmal in Führungspositionen vertreten ist der/die Diplom-Psychologe/in und der/die Lehrer/in.

Die Antworten für die Frage nach der Dauer der Führungstätigkeiten sind im Schaubild als Punkte eingetragen. Die kürzeste Führungstätigkeit aller befragten Einrichtungen lag aus Gründen eines neuen Stellenantritts bei fünf Monaten. Die längste Führungstätigkeit lag bei 33 Jahren (N=17). Ca. die Hälfte der befragten Führungspersonen haben bis zu fünf Jahren Führungserfahrung, die andere Hälfte liegt in breiter Streuung mit dem Schwerpunkt zwischen 5 - 15 Jahren darüber.

---

[9] In Rheinland-Pfalz und Nordrhein-Westfalen wurden die Studiengänge zusammengefasst zum Studium der Sozialen Arbeit.

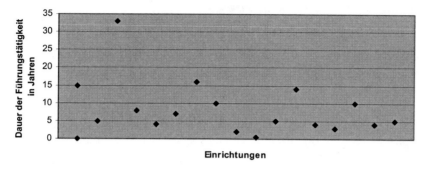

Einrichtungen

N=17

Abb. 31: Dauer der Führungstätigkeit

Die Führungskräfte antworteten auf die Frage, ob sie für ihre Führungstätigkeit eine Fortbildung im Managementbereich oder im Bereich der Mitarbeiterkommunikation besucht haben, wie in der nachstehenden Grafik abgebildet (N=17). Acht Zielpersonen besuchten eine Fort- oder Weiterbildung im Bereich Management. Im Bereich Mitarbeiterkommunikation besuchten dreizehn Führungskräfte Schulungen und Fortbildungen. In beiden Bereichen besuchten acht Führungspersonen Fortbildungsmaßnahmen.

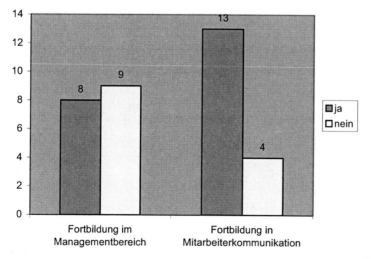

N=17

Abb. 32: Besuch von Fortbildungen

5.5 Interpretation und Konsequenzen

Ziel der vorliegenden Untersuchung war es, zu analysieren, wie das Instrument „Mitarbeitergespräch" in der Praxis der stationären Jugendhilfe genutzt wird und ob es Unterschiede bei der Durchführung auf unterschiedlichen Hierarchieebenen gibt.

Nach den Ergebnissen der Untersuchung haben sich viele Einrichtungen der stationären Jugendhilfe mit dem Instrument Mitarbeitergespräch auseinander gesetzt und seinen Nutzen für die Personal- und Organisationsentwicklung erkannt. Es lässt sich feststellen, dass sich insgesamt 13 der 17 befragten Einrichtungen mit der Thematik Mitarbeitergespräch beschäftigt haben. Der mehrheitliche Einsatz von Mitarbeitergesprächen trotz beträchtlichem zeitlichem Aufwand spricht für die Anerkennung des Nutzens dieses Instruments. Mehr als die Hälfte der befragten Führungskräfte führen grundsätzlich regelmäßig oder unregelmäßig Mitarbeitergespräche. Weitere zwei Einrichtungen planen die Einführung des Instruments im Laufe des Jahres 2006. In vielen Einrichtungen wird das Gespräch einmal pro Jahr geführt.

Führungskräfte, die mit der Durchführung von Mitarbeitergesprächen beauftragt sind, führen diese zu über 90 % mit Hilfe eines Leitfadens. (Die Leitfäden wurden von den Führungskräften beschrieben, lagen aber zur Auswertung der Erhebung nicht schriftlich vor). Ein Leitfaden gewährt eine gewisse Standardisierung, sodass alle Mitarbeitergespräche innerhalb einer Einrichtung strukturell gleich ablaufen und ähnliche Inhalte mit den Mitarbeitenden besprochen werden. Zudem vermittelt ein Gesprächsleitfaden grundsätzlich eine gewisse Sicherheit über den Ablauf des Gesprächs. Mögliche Gefühle der Angst seitens der Mitarbeitenden oder Gefühle des Unwohlseins bei den Führungspersonen können durch den Gebrauch eines Leitfadens reduziert werden.

Andere anlassbezogene Gespräche werden in allen befragten Einrichtungen geführt. Hier liegt die Vermutung nahe, dass diese Gespräche ebenso wie die Mitarbeitergespräche nicht in der Alltagskommunikation oder zwischen „Tür-und-Angel" geführt werden, sondern entsprechend terminiert werden.

Der Zeitpunkt zum Führen der Mitarbeitergespräche liegt eher im Winter als im Sommer. Bevorzugt werden die Monate September bis März. Hier stellt sich die Frage, ob sich die Führungskräfte an dem in der Literatur empfohlenen Zeitraum orientieren und deshalb die Gespräche im Winterhalbjahr terminieren. Oder ob die allgemeine Urlaubsplanung in den Einrichtungen den Grund für diesen Zeitplan darstellt: Die Mitarbeiter/innen planen ihren Urlaub eher in den Sommermonaten als im Winter. Die größte Häufung der Gespräche findet sich Januar. Eine Interpretation ist, das neue Jahr mit einem Mitarbeitergespräch zu beginnen, in dem das vergangene Jahr reflektiert wird und für den kommenden Zeitraum berufliche Ziele festzulegen. Es sind aber auch andere Gründe denkbar: möglicherweise müssen die Einrichtungen als Grundlage einer Jahresplanung Verwendungsnachweise oder Programme erstellen, sodass sich eine Häufung in den Wintermonaten durch die äußeren Rahmenbedingungen der Einrichtungen ergeben.

Werden die Inhalte der Mitarbeitergespräche betrachtet, so ergibt sich das Bild, dass in allen Gesprächen nicht weniger als sieben Merkmale besprochen wurden. Geht man nach der strengen Definition des Mitarbeitergesprächs, die der Erhebung zugrunde liegt, so lässt sich feststellen, dass nicht alle untersuchten Gespräche Mitarbeitergespräche sind. An dieser Stelle muss dies allerdings diskutiert werden: Die Literatur zur Thematik „Mitarbeitergespräch" ist sehr vielfältig und es findet sich keine allgemein gültige Definition. Deshalb liegt hier meiner Meinung nach ein gutes Ergebnis vor, wenn in den untersuchten Gesprächen mehr als sieben Merkmale besprochen werden. Dieses Ergebnis kann dahingehend interpretiert werden, dass alle Führungspersonen, die Gespräche führen, bemüht sind, gute und qualitativ hochwertige Gespräche zu führen.

Ebenso erfreulich ist es, dass in fast allen Gesprächen Zielvereinbarungen getroffen wurde. Lediglich in einem Gespräch kam es zu keiner Zielvereinbarung. Durchschnittlich wurden 3,1 Ziele pro Mitarbeitergespräch vereinbart und alle Führungskräfte, die Zielvereinbarungen getroffen haben, überprüfen diese auch. Auch hier wird deutlich, dass sich die Führungskräfte mit der Thematik „Zielvereinbarung" und „Zielsetzung" auseinander gesetzt haben und nicht nur die Wichtigkeit der Ziele sondern auch die Notwendigkeit der Überprüfung erkannt haben. Viele Führungskräfte sind der Meinung, dass die vereinbarten Ziele von den Mitarbeitern/innen eingehalten und umgesetzt werden. Eine weiterführende Aussage, wie das inhaltliche Zustandekommen von Zielvereinbarungen zu bewerten ist und wie viele Hintergrundinformationen vorhanden sind, kann hier nicht getroffen werden.

Ein weiteres Qualitätsmerkmal ist das Protokollieren der Gespräche. Alle außer zwei Mitarbeitergesprächen wurden dokumentiert. Die schriftlichen Zusammenfassungen der Gespräche sind leichter zu überprüfen als mündlich getroffene Vereinbarungen und verringern somit die Möglichkeit von Missverständnissen. In den meisten Fällen bekommt auch der/die Mitarbeiter/in ein Duplikat. Durch die Dokumentation wird einerseits das Risiko von Missverständnissen reduziert, andererseits können sich durch Protokolle Folgen ergeben, die im Vorfeld vielleicht nicht abzuschätzen sind. Je nachdem, wer Zugang zu den Personalakten hat, können Vorgesetzte Einblicke in die Stärken und Schwächen des Mitarbeitenden bekommen oder seine beruflichen Perspektiven einsehen, ohne persönlich bei dem Mitarbeitergespräch dabei gewesen zu sein. Dadurch ergeben sich nicht nur Kontrollmöglichkeiten für die Vorgesetzten. Auch das Risiko von Missverständnissen bei der Interpretation des Protokolls ist erhöht, wenn es sich bei der Dokumentation nur um ein kurzes Ergebnisprotokoll handelt. Einige befragte Führungskräfte dokumentieren zwar das Gespräch, bewahren es aber nicht in der Personalakte auf, da unklar ist, wer auf den nächsthöheren Hierarchieebenen Einblick in die Akten hat. Das Protokoll wird in so genannten Nebenakten abgelegt. Eine Führungsperson beschreibt die Vorgehensweise in der Einrichtung folgendermaßen: „Anfangs, nach der Einführung der Dokumentation bekam der Träger Kopien der Gesprächsprotokolle. Es war unklar, was der Träger damit macht und wer es liest. In den Protokollen standen persönliche Dinge, auch was die persönliche Zusammenarbeit betraf. Mittlerweile gibt es in der Einrichtung so genannte Nebenakten der Personalakten. Hier werden jetzt die Gesprächsprotokolle aufbewahrt" (3/16).

Wird die Gesprächsdauer betrachtet, zeigt sich der Trend, dass Mitarbeitergespräche mehrheitlich zwischen 60 und 90 Minuten dauern. In der Literatur gibt es unterschiedliche Aussagen zur Dauer der Mitarbeitergespräche. Einige Autoren/innen empfehlen zu Beginn des Gesprächs keine Zeitvorgabe zu machen. Hintergrund ist, die Mitarbeitenden nicht unter (Zeit-) Druck zu setzen und somit die Wertschätzung zu verringern, indem suggeriert wird, dass der/die Gesprächsteilnehmer/in nicht so wichtig ist und sich die Führungsperson deshalb nicht uneingeschränkt Zeit nimmt. Andere Quellen belegen, dass es die Effizienz steigert, wenn zu Beginn des Gesprächs der Zeitrahmen bekannt gegeben wird. Die Theorie in der Literatur ist das eine, die Praxis der Mitarbeitergespräche das andere: es zeigt sich, dass sich viele inhaltliche Merkmale in einem Gespräch von 60 bis 90-minütiger Dauer besprechen lassen und möglicherweise danach auch einfach die Konzentration nachlässt. Mitarbeitergespräche mit der Dauer von 2,5 oder 6 Stunden erscheinen mir sehr lange und es stellt sich bei dieser Gesprächsdauer die Frage nach der Aufmerksamkeit der Gesprächsteilnehmer/innen und der Effektivität des Gesprächs.

Obwohl sich viele der befragten Einrichtungen mit dem Instrument Mitarbeitergespräch auseinander gesetzt haben, gibt es qualitative Unterschiede, wenn die verschiedenen Hierarchieebenen einer Heimeinrichtung näher beleuchtet werden. Wird die nächsthöhere Hierarchieebene betrachtet, muss unterschieden werden zwischen der Ebene, die als nächsthöhere Hierarchie innerhalb der Einrichtung (= Einrichtungsebene) existiert und der Trägerebene, die ebenso als nächsthöhere Hierarchieebene in Frage kommt. Auf der Einrichtungsebene zeigt sich die Tendenz, wenn Mitarbeitergespräche geführt werden, dass diese mit den interviewten Führungskräften in kürzeren Zeitabständen geführt werden. Auf den Trägerebenen zeigt sich die Tendenz, dass Mitarbeitergespräche zwar mehrheitlich stattfinden, aber eher unregelmäßig. Nur eine der befragten Personen hat regelmäßig ein Mitarbeitergespräch im Abstand von zwei Jahren. Es scheint, als würde das Mitarbeitergespräch mit seinen Funktionen zur Personalführung, Personal- und Organisationsentwicklung nicht ganz so effektiv genutzt wie auf den unteren Hierarchieebenen. Über die Hintergründe kann nur spekuliert werden: Sind die Verantwortlichen auf der Trägerebene der Meinung, dass der Zeitaufwand zum Führen von Mitarbeitergesprächen zu hoch ist und sie deshalb nicht geführt werden? Oder ist es die

Annahme, dass die Heim- oder Einrichtungsleitung schon alles richtig machen werde und sie deshalb keine Mitarbeitergespräche brauche? Gerade dem Träger von Jugendhilfeeinrichtungen muss es meiner Meinung nach wichtig sein, dass es ein gewisses Grad an Standardisierung zu diesem Thema gibt und alle Führungspersonen gleichermaßen davon profitieren können, nicht nur auf mittleren sondern auch auf höheren Hierarchieebenen. Hier wird deutlich, dass die Führungskräfte zwar verantwortlich für ihre Personalführung innerhalb der Einrichtungen sind und auch verantwortungsvoll damit umgehen, aber sie selbst in der Rolle des Mitarbeiters/der Mitarbeiterin von ihren Vorgesetzten nicht mit der gleichen Sorgfalt behandelt werden.

Wird die nächsthöhere Hierarchieebene im Gesamten näher beleuchtet, so zeigt sich bei der Durchführung von Mitarbeitergesprächen ebenso wie auf den unteren Hierarchieebenen eine jahreszeitliche Häufung im Herbst/Winter. Auch hier lassen sich als Gründe die Urlaubsplanung, verschiedene äußere Rahmenbedingungen (wie z.B. die Erstellung von Verwendungsnachweisen oder Programmen) annehmen. Es zeigt sich - im Verlauf von zwei Jahren – eine Zunahme der Gespräche. Dies lässt den Schluss zu, dass die Erkenntnis über die Bedeutung von Mitarbeitergesprächen auf allen Führungsebenen zunimmt. Auffällig ist, dass auf der nächsthöheren Ebene inhaltlich eindeutig weniger Merkmale besprochen werden als auf den unteren Ebenen und somit die Qualität des Gesprächs deutlich sinkt. Nach der in dieser Arbeit vorliegenden Definition sind diese Gespräche keine Mitarbeitergespräche. Hier könnte es sich eher um problemorientierte oder anlassbezogene Gespräche handeln.

Mit den befragten Führungskräften wurden viele Ziele vereinbart, obwohl die Gespräche seltener stattfanden. Es sind auf dieser Hierarchieebene 0,4 Ziele weniger pro Gespräch zu finden als auf der direkt darunter liegenden Hierarchieebene. Auch hier zeigt sich, dass das Instrument der Zielvereinbarung genutzt wird, wenn in vergleichsweise weniger Gesprächen fast gleich viele Ziele vereinbart wurden. Möglicherweise handelt es sich bei diesen Zielvereinbarungen um längerfristige Ziele.

Insgesamt lässt sich aber feststellen, dass auf der nächsthöheren Hierarchieebene die Mitarbeitergespräche tendenziell kürzer sind, seltener geführt, weniger Merkmale besprochen und weniger Ziele vereinbart werden. Des Weiteren werden sie seltener dokumentiert und der/die Gesprächspartner/in erhält seltener ein Protokoll.

Bei kleineren Trägern, bei denen die Einrichtungsleitung identisch mit der Trägerebene ist, wurden in der vorliegenden Untersuchung keine Gespräche geführt. Hier lässt sich vermuten, dass diese Einrichtungen die Dienlichkeit der Mitarbeitergespräche zur Personalführung und Organisationsentwicklung noch nicht nutzen oder durch die Dichte der Zusammenarbeit für überflüssig halten.

Es lassen sich insgesamt keine eindeutigen Aussagen dazu treffen, ob größere Einrichtungen standardisiertere Verfahren und Vorgehensweisen bei Mitarbeitergesprächen haben als kleinere Einrichtungen. Die Auswertung der Daten zeigt ein vielfältiges Bild: es gibt kleinere Einrichtungen, die strukturell sehr gute Mitarbeitergespräche führen – angefangen von der Vorbereitung über besprochene Inhalte bis zur Dokumentation. Andererseits gibt es größere Einrichtungen, die strukturell schlechter abschneiden als die verglichenen kleineren Einrichtungen. Es zeigt sich bei der vorliegenden Stichprobe bezüglich dieser Fragestellung kein Trend.

Bei der Auswahl der Einrichtungen bzw. der Führungskräfte stand die Führungstätigkeit im Vordergrund. Es überrascht allerdings dennoch nicht, dass mehr Männer als Frauen in Führungspositionen anzutreffen sind (und das obwohl die Soziale Arbeit als Frauenberuf gilt). Hier setzt sich der Trend der Sozialen Arbeit fort, dass zwar sehr viele Frauen Pädagogik bzw. Sozialpädagogik studieren, aber mehr Männer in leitenden Positionen zu finden sind. Neuere Untersuchungen und Studien belegen aber, dass der Frauenanteil in Führungspositionen kontinuierlich wächst. Ebenso zeigen diese Studien, dass Frauen länger brauchen, bis sie eine mit Männern vergleichbare Position inne haben (vgl. Westerhoff, 2006, S. 30).

Viele Einrichtungen müssen sich zwangsläufig mit dem neuen Tarifwerk TVöD auseinander setzen, da der BAT im Jahr 2005 gekündigt wurde, und die Träger bzw. die Einrichtungen angehalten sind, die neuen Regelungen umzusetzen. Keine der befragten Führungskräfte kannte die neuen Regelungen zum TVöD. Dies lässt den Schluss zu, dass sich die Trägerebene mit der Thematik beschäftigt, Richtlinien entwickelt und diese dann an die Einrichtungen für die Umsetzung weitergibt. Zum Zeitpunkt der Erhebung allerdings wussten die befragten Führungskräfte noch nichts davon. Eine andere Interpretation kann sein, dass es eine sehr große Unsicherheit bezüglich des neuen Tarifwerkes gibt und viele Verantwortliche einfach noch abwarten, wie sich der TVöD etabliert, und ob die Wohlfahrtsverbände beispielsweise Umsetzungshilfen oder Richtlinien zur Unterstützung anbieten. Trotzdem müssen sich Führungskräfte in sozialen Einrichtungen mit der Thematik der Mitarbeiterbeurteilung auseinander setzen, Gefahren und Fallstricke (wie Beurteilungsfehler etc.) erkennen und minimieren und ihr Fachwissen erweitern. Durch das zukünftige leistungsbezogene Entgelt muss es in den Einrichtungen Kriterien für die Beurteilung geben, die fair und transparent sind.

Werden die unterschiedlichen Professionen der Führungspositionen betrachtet, so ist auffällig, dass viele Erzieher/innen Führungspositionen inne haben. Und damit mehr als die Berufgruppe der Diplom-Sozialpädagogen/innen (FH) und Diplom-Sozialarbeiter/innen (FH) zusammengenommen. Eine Möglichkeit der Interpretation ist, dass Erzieher/innen tarifvertraglich gesehen niedriger als Diplom-Sozialpädagogen/innen (FH) eingruppiert werden und deshalb zunächst kostengünstiger sind. Andererseits könnte als Erklärung dienen, dass es mehr Erzieher/innen in der stationären Heimerziehung gibt und diese deshalb auch öfter in Führungspositionen vertreten sind.

Die Situation bei Fort- und Weiterbildung im Managementbereich ist gut. Knapp die Hälfte der befragten Führungskräfte hat sich im Bereich Management weitergebildet. Diese Weiterqualifikation wird wohl für das Ausüben der Führungstätigkeit benötigt. Hier stellt sich daran anknüpfend die Frage, ob die anderen Führungskräfte auf eine Weiterbildung in diesem Bereich nicht angewiesen sind, weil sie sie für die Ausübung der Führungstätigkeit nicht brauchen, selbst keinen Bedarf sehen oder sie von Vorgesetzten nicht als notwendig erachtet wird.

Eine andere Bewertung ergibt sich im Bereich des Themengebietes der Mitarbeiterkommunikation. Ein Bedarf an Fortbildung ist offensichtlich vorhanden und wird genutzt. Hier besteht die Möglichkeit, dass in der Ausbildung oder im Studium dieser Themenbereich nicht angeboten wird oder zu kurz kommt bzw. zu diesem (frühen) Zeitpunkt noch nicht als wichtig erachtet wird.

6 Zusammenfassung

Abschließend lässt sich für diese Erhebung zusammenfassen, dass das Mitarbeitergespräch mehrheitlich in Einrichtungen der stationären Jugendhilfe angewendet wird. Die befragten Fügungskräfte haben sich mit der Thematik „Mitarbeitergespräch" beschäftigt und führen mehrheitlich die Gespräche qualitativ hochwertig durch.

Es gibt allerdings eindeutige Unterschiede beim Führen der Mitarbeitergespräche, wenn diese einrichtungsintern und auf Trägerebene betrachtet werden. Insgesamt lässt sich feststellen, dass Mitarbeitergespräche auf der nächsthöheren Hierarchieebene tendenziell kürzer sind, seltener geführt, weniger Merkmale besprochen und weniger Ziele vereinbart werden. Darüber hinaus werden sie seltener dokumentiert und der/die Gesprächspartner/in erhält seltener ein Protokoll. Hier bedarf es einer Sensibilisierung der Träger, ihre Verantwortlichen im Sinne der Personal- und Organisationsentwicklung besser zu unterstützen und zu führen.

Die Größe der Einrichtung scheint kein Qualitätsmerkmal für die Durchführung von Mitarbeitergesprächen zu sein.

Der Nutzen von Mitarbeitergesprächen für die Personalführung, Personal- und Organisationsentwicklung ist von großer Bedeutung. Die strategischen Ziele der Einrichtung lassen sich durch das Mitarbeitergespräch auf der operativen

Ebene mittragen. Sowohl die Einrichtung an sich, als auch Führungskraft und Mitarbeitende ziehen einen Nutzen aus dieser Vorgehensweise.

Gerade die Personalführung in Heimen der stationären Jugendhilfe stellt besondere Herausforderungen an die Führungskräfte. Einerseits müssen Rahmenbedingungen vorhanden sein, in denen sich die betreuten Kinder und Jugendlichen entfalten und entwickeln können, andererseits muss ebenso für das Personal (Frei-) Raum vorhanden sein, um verantwortlich pädagogisch Handeln zu können. Führungskräften kommt die Aufgabe zu, den Mitarbeitenden im Rahmen der vorgegebenen Organisationsziele einen gewissen Spielraum zu gewähren, um eigene Ideen und Vorstellungen einbringen zu können. Denn nur wenn sich die Mitarbeitenden als Beteiligte fühlen, werden sie sich engagiert und motiviert einsetzen. Die besondere Herausforderung stellt die spezifische Personalstruktur in sozialen Einrichtungen dar. Auszubildende, Zivildienstleistende oder Ehrenamtliche haben andere Motivgründe für ihre Tätigkeit als Festangestellte. Hier kann es von Vorteil sein, wenn Führungskräfte Fachkenntnisse über Motivationstheorien haben und diese gezielt im Sinne der Organisation einsetzen können.

Es gibt keine Literatur, die sich speziell mit dem Mitarbeitergespräch in der Sozialen Arbeit beschäftigt. Wer sich mit dieser Thematik auseinander setzt, muss auf Literatur aus anderen Fachgebieten (beispielsweise der Betriebswirtschaftslehre oder Psychologie) zurückgreifen. Es scheint eine Übertragbarkeit des Instruments Mitarbeitergespräch aus anderen Zusammenhängen auf die Soziale Arbeit zu geben. Da die Einrichtungen der Sozialen Arbeit unter organisations-soziologischen und betriebswirtschaftlichen Gesichtspunkten als Betriebe gelten, lässt dies den Schluss, dass auch Management-Konzepte aus diesen Betrieben auf soziale Einrichtungen angewendet werden können; dies schließt das Personalmanagement mit ein. Darüber hinaus gibt es eine sozialpolitische Umorientierung zu mehr Markt und Wettbewerb, die verstärkt betriebswirtschaftliches Denken und Handeln erfordert. Diese veränderte Professionalität wird bisher von Ausbildungsstätten zu wenig vorbereitet und vermittelt. Deshalb stellen sich insoweit für das Personalmanagement neue Aufgaben der Fort- und Weiterbildung (vgl. Maelicke, 2004, S. 69).

Sommerfeld & Haller (2003) beschreiben die Situation ähnlich. Durch die zunehmend ökonomisch schwieriger werdende Lage der sozialen Einrichtungen bedarf es Führungskräfte, die in ihren Ausbildungen für die Führungstätigkeit im Sozialbereich qualifiziert werden. „Führung in professionellen Organisationen erfordert Professionelle mit spezifischen Schwerpunktsetzungen" (Sommerfeld & Haller, 2003, S. 85). Ein leistungsfähiges Personalmanagement trägt dazu bei, die neuen Herausforderungen zu bewältigen und die soziale Einrichtung im zunehmenden Konkurrenzdruck zu stärken und wettbewerbsfähig zu halten. Es wird aber auch deutlich, dass Personalmanagement und Personalarbeit professionell geplant und realisiert werden müssen und das Mitarbeitergespräch dazu eingesetzt werden muss.

Die sozialen Einrichtungen haben bei der Personalführung einen wesentlichen Vorteil im Vergleich zu anderen Betrieben: die Fachkräfte der Sozialen Arbeit sind auf dem Feld der Kommunikation geschult, da dies Bestandteil der Ausbildung oder des Studiums ist. Kommunikationsmodelle wie sie Schulz von Thun oder Watzlawick entwickelt haben, sind ebenso bekannt, wie Gesprächsführungstechniken oder Kenntnisse über Kommunikationsstörungen. Holsten (1997, S. 9) beschreibt dies folgendermaßen: „Mitarbeiterführung ist für Pädagogen eigentlich doch sehr einfach, wäre man nur bereit, die Fachkenntnisse einzusetzen". Führungskräfte aus sonstigen Wirtschaftsunternehmen werden aufgrund ihres Fachwissens zu Führungskräften (da sie das „WAS" beherrschen), aber oft nicht wissen, „WIE" sie es ihren Mitarbeitern/innen vermitteln sollen. Fachkräfte im pädagogischen Bereich müssen nur ihre Fähigkeiten und Fertigkeiten umsetzen (vgl. ebd.).

Führungspersonen, unabhängig vom Geschlecht, müssen sich mit den Rollenzuschreibungen und sozialen Erwartungen an die Geschlechtsrolle auseinander setzen, sich bewusst machen, dass es diese Zuschreibungen gibt und entsprechend sensibel damit umgehen. Nur eine befragte Zielperson antwortete in der vorliegenden Erhebung, dass es keine geschlechtsspezifischen Unterschiede beim Führen von Mitarbeitergesprächen gebe. Ein eindeutiger Beweis, dass die Rollenzuschreibungen sehr real sind und nach wie vor wirken.

Es bleibt weiterhin zu prüfen, ob das Mitarbeitergespräch auch in Einrichtungen anderer Bereiche der Sozialen Arbeit angewendet wird. Interessant wäre auch die Sicht der Mitarbeitenden, d.h. wie sich aus ihrer Perspektive die Mitarbeitergespräche gestalten, wie Prozesse ablaufen und Ziele vereinbart werden, kurz wie wirksam sie sind. Die Prüfung der Wirksamkeit bleibt allerdings anderen Erhebungen vorbehalten.

Anhang

Literaturverzeichnis.. 93

Abbildungsverzeichnis..102

Fragebogen...103

Literaturverzeichnis

ADORNO, THEODOR W. (1962):
>"Die Logik der Sozialwissenschaften". In: Kölner Zeitschrift für Soziologie und Sozial-psychologie (KZfSS) (14. Jg.), Heft 2, Köln. Seite 249 – 263.

ALBERTERNST, CHRISTIANE (2002):
>Evaluation von Mitarbeitergesprächen. Reihe: Schriften zur Arbeits-, Betriebs- und Organisationspsychologie; Band 2. Hamburg (Dr. Kovac).

ANDERS, MANFRED (1990):
>"Praxis der Telefonbefragung". In: Forschungsgruppe Telekommunikation (Hrsg.): Telefon und Gesellschaft, Band 2: Internationaler Vergleich – Sprache und Telefon – Telefonseelsorge und Beratungsdienste – Telefoninterviews. Berlin (Volker Spieß). Seite 368 – 436.

ATTESLANDER, PETER (2003):
>Methoden der empirischen Sozialforschung (10. neu bearb. und erw. Auflage). Berlin, New York (Walter de Gruyter).

BADELT, CHRISTOPH (2002):
>Handbuch der Nonprofit Organisation. Strukturen und Management (3. überarb. und erw. Auflage). Stuttgart (Schäffer-Poeschel).

BAXMANN, BEATE (1999):
>"Aspekte der Personalführung und Motivation in sozialen Nonprofit-Organisationen". In: Imker, Henning (Hrsg.): Social Management: Aspekte der Personalführung, der Organisationsentwicklung und des Controllings in Nonprofit-Organisationen. Reihe: Braunschweiger Studien zur Erziehungs- und Sozialarbeitswissenschaft; Band 37. Braunschweig (Tech. Univ. Seminar f. Sozialarbeitswiss.). Seite 63 – 108.

BECHINIE, ERNST (1992):
>"Kooperative Mitarbeitergespräche – Ein Erfahrungsbericht zur Einführung und Praxis in einem Dienstleistungsunternehmen." In: Selbach, Ralf; Pullig, Karl-Klaus (Hrsg.): Handbuch Mitarbeiterbeurteilung. Wiesbaden (Gabler). Seite 489 – 514.

BECK, GEORG (1990):
>"Interessenskonflikte in der Sozialarbeit." In: Blätter der Wohlfahrtspflege (137. Jg.), Heft 10, Baden-Baden. Seite 23.

BREISIG, THOMAS / KÖNIG, SUSANNE / WENGELOWSKI, PETER (2001):
>Arbeitnehmer im Mitarbeitergespräch. Grundlagen und Tipps für den Erfolg. Frankfurt (Bund-Verlag).

BREISIG, THOMAS (2005):
>"Rechte der Betriebs- und Personalräte sowie der einzelnen Beschäftigten in der Personalbeurteilung und damit zusammenhängende Fragen." In: Breisig, Thomas (Hrsg.): Personalbeurteilung – Mitarbeitergespräche und Zielvereinbarungen regeln und gestalten (3., überarb. u. erw. Auflage) Frankfurt (Bund-Verlag). Seite 209 – 236.

BRÜSENMEISTER, THOMAS (2000):
>Qualitative Forschung. Ein Überblick. Wiesbaden (Westdeutscher Verlag).

BUNGARD, WALTER / KOHNKE, OLIVER (2000):

> „Einführung und Überblick". In: Bungard, Walter; Kohnke, Oliver (Hrsg.): Zielverein-barungen erfolgreich umsetzen. Konzepte, Ideen und Praxisbeispiele auf Gruppen- und Organisationsebene. Wiesbaden (Gabler). Seite 7 – 11.

BUNGARD, WALTER, KOHNKE, OLIVER (HRSG.) (2000):

> Zielvereinbarungen erfolgreich umsetzen. Konzepte, Ideen und Praxisbeispiele auf Gruppen- und Organisationsebene. Wiesbaden (Gabler).

CRISAND, EKKEHARD / CRISAND, MARCEL / ADLER, ANDREA (1997):

> Das Sachgespräch als Führungsinstrument: gesprächspsychologische Grundsätze (2., überarb. Auflage). Reihe: Arbeitshefte Führungspsychologie; Band 20. Heidelberg (Sauer).

DÄUBLER, WOLFGANG (HRSG.)(2004):

> Betriebsverfassungsgesetz mit Wahlordnung. Kommentar für die Praxis (9., überarb. u. akt. Auflage). Frankfurt (Bund-Verlag).

DECKER, FRANZ (1992):

> Effizientes Management für soziale Institutionen. Landsberg, Lech (Verlag Moderne Industrie).

DIEKMANN, ANDREAS (2004):

> Empirische Sozialforschung. Grundlagen, Methoden, Anwendungen (12. Auflage). Reinbek bei Hamburg (Rowohlt).

DILLMANN, DON A. (1978):

> Mail and Telephone Surveys. The Total Design Method. New York u.a. (John Wiley & Sons).

DILLMANN, DON A. / GALLEGOS, J. / FREY JAMES H. (1976):

> "Reducing Refusal Rater for Telephone Interviews." In: Public Opinion Quarterly (40. Jg.), Heft 2, Oxford. Seite 66 – 78.

DRUCKER, PETER F. (1954):

> The practise of management. New York (Harper).

DÜLL, HERBERT (1993):

> „Mitarbeitergespräch." In: Becker, Fred G.; Martin, Albert (Hrsg.): Empirische Personalforschung. Methoden und Beispiele. München (Hamp). Seite 257 – 278.

ECKARDSTEIN, DUDO VON (2002):

> „Personalmanagement in NPOs". In: Badelt, Christoph (Hrsg): Handbuch der Nonprofit Organisation. Strukturen und Management (3., überarb. und erw. Auflage). Stuttgart (Schäffer-Poeschel). Seite 309 – 336.

FIEGE, REGINA / MUCK, PETER M. / SCHULER, HEINZ (2001):

> „Mitarbeitergespräche." In: Schuler, Heinz (Hrsg.): Lehrbuch der Personalpsychologie. Göttingen u.a. (Hogrefe). Seite 433 – 480.

FITTING, KARL/ AUFFARTH, FRITZ / ENGELS, GERD (2005):

> Betriebsverfassungsgesetz. Handkommentar (23., neubearb. Auflage). München (Franz Vahlen).

FORSCHUNGSGRUPPE TELEKOMMUNIKATION (HRSG.) (1990):

    Telefon und Gesellschaft, Band 2: Internationaler Vergleich – Sprache und Telefon – Telefonseelsorge und Beratungsdienste – Telefoninterviews. Berlin (Volker Spieß).

FREY, JAMES H. (1989):

    Survey Research by Telephone (2. Auflage). Newbury Park, London, Neu Delhi (Sage Publications).

FREY, JAMES H. / KUNZ, GERHARD / LÜSCHEN, GÜNTHER (1990):

    Telefonumfragen in der Sozialforschung: Methoden, Techniken, Befragungspraxis. Opladen (Westdeutscher Verlag).

GABLER, SIEGFRIED / HÄDER, SABINE (Hrsg.) (2002):

    Telefonstichproben. Methodische Innovationen und Anwendungen in Deutschland. Münster (Waxmann).

GABLER, SIEGFRIED / HÄDER, SABINE / HOFFMEYER-ZLOTNIK, JÜRGEN (1998):

    „Einleitung." In: Gabler, Siegfried / Häder, Sabine / Hoffmeyer-Zlotnik, Jürgen (Hrsg.): Telefonstichproben in Deutschland. Opladen, Wiesbaden (Westdeutscher Verlag) Seite 9 – 18.

GABLER, SIEGFRIED / HÄDER, SABINE / HOFFMEYER-ZLOTNIK, JÜRGEN (Hrsg.) (1998):

    Telefonstichproben in Deutschland. Opladen, Wiesbaden (Westdeutscher Verlag).

GEHM, THEO (1997):

    Kommunikation im Beruf. Hintergründe, Hilfen, Strategien (2. Auflage). Weinheim (Beltz).

GEHRMANN, GERD / MÜLLER, KLAUS D. (1999):

    Management in sozialen Organisationen. Handbuch für die Praxis Sozialer Arbeit (3., aktualisierte Auflage). Regensburg (Walhalla).

GROVES, ROBERT M. / KAHN, ROBERT L. (1979):

    Surveys by Telephone: A National Comparison with Personal Interviews. New York (Academic Press).

HÄLKER, JURI (2004):

    Betriebsräte in Rollenkonflikten. Betriebspolitisches Denken zwischen Co-Management und Gegenmacht. München (Rainer Hampp).

HECKEL, CHRISTIANE (2002):

    „Erstellung der ADM-Telefonauswahlgrundlage." In: Gabler, Siegfried / Häder, Sabine (Hrsg.): Telefonstichproben. Methodische Innovationen und Anwendungen in Deutschland. Münster (Waxmann). Seite 11 – 31.

HENTZE, JOACHIM / KAMMEL, ANDREAS / LINDERT, KLAUS (1997):

    Personalführungslehre. Grundlagen, Funktionen und Modelle der Führung (3., vollständ. überarb. Auflage). Bern (Haupt).

HIPPLER, HANS-J. / SCHWARZ, NORBERT (1990):

    „Die Telefonbefragung im Vergleich mit anderen Befragungsarten." In: Forschungsgruppe Telekommunikation (Hrsg.) (1990): Telefon und Gesellschaft, Band 2: Internationaler Vergleich – Sprache und Telefon – Telefonseelsorge und Beratungsdienste – Telefoninterviews. Berlin (Volker Spieß). Seite 437 – 447.

HOEFERT, HANS-WOLFGANG (1991):

"Zur Qualifizierung von Fachkräften des Sozialwesens für Führungs- und Managementtätigkeiten." In: Lewkowicz, Marina (Hrsg.): Neues Denken in der Sozialen Arbeit: mehr Ökologie – Mehr Markt – mehr Management. Freiburg (Lambertus). Seite 179 – 186.

HOEFERT, HANS-WOLFGANG (1991a):

"Karriere im Sozialwesen." In: Socialmanagement (1. Jg.), Heft 1, Baden-Baden. Seite 29 – 32.

HOFBAUER, HELMUT / WINKLER, BRIGITTE (2002):

Das Mitarbeitergespräch als Führungsinstrument (2., erw. Auflage). München (Hanser).

HOLSTEN, RAINER (1997):

"Mitarbeiterführung – Stiefkind der Heimerziehung!?" In: Unsere Jugend. Die Zeitschrift für Studium und Praxis der Sozialpädagogik (49. Jg.), Heft 1, München. Seite 4 – 9.

HÜFKEN, VOLKER (Hrsg.) (2000):

Methoden in Telefonumfragen. Wiesbaden (Westdeutscher Verlag).

IMKER, HENNING (HRSG.) (1999):

Social Management: Aspekte der Personalführung, der Organisationsentwicklung und des Controllings in Nonprofit-Organisationen. Reihe: Braunschweiger Studien zur Erziehungs- und Sozialarbeitswissenschaft; Band 37. Braunschweig (o.V.).

JÄGER, ALFRED (1999):

"Hard- und Soft-Management im sozialen Unternehmen." In: Boskamp, Peter; Knapp, Rudolf (Hrsg.): Führung und Leitung in sozialen Organisationen (2. Auflage), Neuwied, Kriftel (Luchterhand). Seite 35 – 74.

JETTER, FRANK (2000):

"Effektive Personalgespräche zur Vereinbarung von Zielen und zur Ermittlung des Weiterbildungsbedarfs." In: Jetter, Frank / Köcher, Wolfgang / Kopp, Ralf / Skrotzki, Rainer (Hrsg.): Managementkompetenz für Führungskräfte. Das Handbuch zur Personalführung und Personalentwicklung. Reihe: Personal und Organisation; Band 19. Hamburg (Lit). Seite 283 – 308.

JUNG, HANS (1999):

Personalwirtschaft (3., überarb. Auflage). München, Wien (R. Oldenburg)

KEMPE, HANS-JOACHIM / KRAMER, ROLF (2002):

Tipps für Mitarbeitergespräche (7., akt. Auflage). Schriftenreihe Praktische Personalfragen im Betrieb; Band 22. Bergisch Gladbach (Heider).

KIEßLING-SONNTAG, JOCHEM (2000):

Handbuch Mitarbeitergespräche. Berlin (Cornelsen).

KIRCHLER, ERICH / RODLER, CHRISTA (2002):

Motivation in Organisationen. Wien (WUV – Universitätsverlag)

KIRCHLER, ERICH / RODLER, CHRISTA / BERNOLD, DIETER (HRSG.) (1997):

Psychologie der Wirtschaft. Wien (WUV – Universitätsverlag).

KOHNKE, OLIVER (2000):

> „Die Anwendung der Zielsetzungstheorie zur Mitarbeitermotivation und -steuerung." In: Bungard, Walter;
> Kohnke, Oliver: Zielvereinbarungen erfolgreich umsetzen. Konzepte, Ideen und Praxisbeispiele auf Gruppen-
> und Organisationsebene. Wiesbaden (Gabler). Seite 35 – 66.

LAMBERTZ, BRIGITTE / ELTAEWA, AIGUL / MÜLLER, ANJA / MÜLLER, BERNADETTE / OHLSEN, GESA / SAMADI,
SARA (2002):

> Frauen in Führungspositionen. Aachen (Shaker).

LANDESAMT FÜR SOZIALES, JUGEND UND VERSORGUNG, RHEINLAND-PFALZ
> LANDESJUGENDAMT (HRSG) (2005):
> Heimverzeichnis Rheinland-Pfalz. Stand: 06.12.2005, Mainz.

LEHKY, MAREN (2003):

> Mitarbeitergespräche sicher und kompetent führen. Optimale Vorbereitung – erfolgreiche
> Verhandlungsstrategien. Frankfurt (Eichborn).

LEONHARDT, WALTER (1991):

> „Das Mitarbeitergespräch als Alternative zu formalisierten Beurteilungssystemen." In:
> Schuler, Heinz (Hrsg.): Beurteilung und Förderung beruflicher Leistung. Stuttgart (Verlag für angewandte
> Psychologie). Seite 91 - 105.

LOCKE, EDWIN A. (1968):

> „Toward a theory of task motivation and incentives." In: Organizational Behavior and Human Performance (50.
> Jg.), Heft 3, New York. Seite 157 – 189.

LOCKE, EDWIN A. / LATHAM, GARY P. (1990):

> A theory of goal setting and task prformance. Engelwood Cliffs (Prentice-Hall).

LOTMAR, PAULA / TONDEUR, EDMOND (1999):

> Führen in sozialen Organisationen. Ein Buch zum Nachdenken und Handeln (6. Auflage). Bern, Stuttgart,
> Wien (Haupt).

LURSE, KLAUS / STOCKHAUSEN, ANTON (2002):

> Manager und Mitarbeiter brauchen Ziele. Führen mit Zielvereinbarungen und variable Vergütung, (2.Auflage).
> Neuwied (Luchterhand).

MAELICKE, BERND (1990):

> „Personalentwicklung als Grundlage der Innovation in sozialen Organisationen." In: Arbeitsgemeinschaft für
> Erziehungshilfe (AFET) e.V. (Hrsg.): Personalentwicklung in Einrichtungen und Behörden der Erziehungshilfe.
> Hannover (o.V.). Seite 51 – 63.

MAELICKE, BERND (2004):

> Führung und Zusammenarbeit. Studienkurs: Management in der Sozialwirtschaft. Baden-Baden (Nomos).

MARTIN, KLAUS-RAINER (1981):

> „Die Organisationsform ,Heim' als Grundlage heilpädagogischen Handelns." In: Asmussen, Maria / Clemens,
> Christian / Hamm, Werner / Hirsch, Cornelia / Martin, Klaus-Rainer / Strohmayer, Maren / Volk, Margaretha:
> Heilpädagogische Heimerziehung. Erfahrungen und Reflexionen aus der Praxis. Berlin (Marhold
> Verlagsbuchhandlung). Seite 3 – 69.

MEIXNER, HANNS-EBERHARD (2001):

    Mitarbeitergespräch. Das Mitarbeiter-Vorgesetzten-Gespräch – Neue Wege der Personalentwicklung und -förderung in der öffentlichen Verwaltung (3., geänd. Auflage). Kronach (Deutscher Kommunal-Verlag).

MENTZEL, WOLFGANG / GROTZFELD, SVENJA / HAUB, CHRISTINE (2004):

    Mitarbeitergespräche. Mitarbeiter motivieren, richtig beurteilen und effektiv einsetzen (5. Auflage). Freiburg (Haufe).

MERCHEL, JOACHIM (2004):

    Leitung in der Sozialen Arbeit. Grundlagen der Gestaltung und Steuerung von Organisationen. Weinheim, München (Juventa).

MERTEN, OLAF (1999):

    „Aspekte der Personalführung und Organisationsentwicklung in Nonprofit-Organisationen." In: Imker, Henning (Hrsg.): Social Management: Aspekte der Personalführung, der Organisationsentwicklung und des Controllings in Nonprofit-Organisationen. Reihe: Braunschweiger Studien zur Erziehungs- und Sozialarbeitswissenschaft; Band 37. Braunschweig (o.V.). Seite 9 – 62.

MICHELI, MARCO DE (2004):

    Leitfaden für erfolgreiche Mitabeitergespräche und Mitarbeiterbeurteilungen. Zürich (Praxium).

MÜLLER-SCHÖLL, ALBRECHT / PRIEPKE, MANFRED (1989):

    Sozialmanagement. Zur Förderung systematischen Entscheidens, Planens, Organisierens, Führens und Kontrollierens in Gruppen (2. Auflage). Frankfurt (Diesterweg).

NAGEL, REINHART / OSWALD, MARGIT / WIMMER, RUDOLF (2005):

    Das Mitarbeitergespräch als Führungsinstrument. Ein Handbuch der OSB für Praktiker (4. Auflage). Stuttgart (Klett-Cotta).

NECHWATAL, GERHARD (2002):

    Die Leitung sozialer Einrichtungen. Erfahrungen – Analysen – Hilfen. Reihe: Eichstätter Sozialpädagogische Arbeiten; Band 10. Eichstätt (diritto Publikationen).

NEUBARTH, ROLF (2000):

    „Führung durch Zielvereinbarung." In: Hauser, Albert; Neubarth, Rolf; Obermair, Wolfgang (Hrsg.): Sozial-Management. Praxis-Handbuch soziale Dienstleistungen (2., erw. u. überarb. Auflage). Neuwied (Luchterhand). Seite 329 – 357.

NEUBERGER, OSWALD (2001):

    Das Mitarbeitergespräch. Praktische Grundlagen für erfolgreiche Führungsarbeit (5., durchgesehene Auflage). Leonberg (Rosenberger Fachverlag).

NEUBERGER, OSWALD (1996):

    „Miteinander arbeiten – miteinander reden! Vom Gespräch in unserer Arbeitswelt." (15. Auflage). In: Bayerisches Staatsministerium für Arbeit und Sozialordnung, Familie, Frauen und Gesundheit (Hrsg.): Reihe: Arbeitswissenschaftliche Veröffentlichungen, München. Http://www.stmas.bayern.de/arbeit/miteinand.pdf [30.10.2005]

NOELLE-NEUMANN ELISABETH / PETERSEN, THOMAS (2000):

    „Das halbe Instrument, die halbe Reaktion. Zum Vergleich von Telefon- und Face-to-Face-Umfragen." In: Hüfken, Volker: Methoden in Telefonumfragen. Wiesbaden (Westdeutscher Verlag). Seite 183 – 198.

NOKIELSKI, HANS (1996):

    „Management des Wandels der Orientierungsmuster sozialer Arbeit." In: Öhlschläger, Rainer; Brüll, Hans-Martin (Hrsg.): Unternehmen Barmherzigkeit. Identität und Wandel sozialer Dienstleistungen. Baden-Baden (Nomos), Seite 63 – 79.

ÖHLSCHLÄGER, RAINER (1995):

    Freie Wohlfahrtspflege im Aufbruch. Baden-Baden (Nomos).

PAPENFUß, KLAUS / PFEUFFER, EBERHARD (1993):

    „Mitarbeitergespräch." In: Strutz, Hans (Hrsg.): Handbuch Personalmarketing
    (2. Auflage). Wiesbaden (Gabler). Seite 397 – 412.

PISWANGER, KARL (1997):

    „Personalentwicklung in der Praxis." In: Kirchler, Erich; Rodler, Christa; Bernold, Dieter
    (Hrsg.): Psychologie der Wirtschaft. Wien (WuV – Universitätsverlag). Seite 80 – 125.

POPPER, KARL R. (1962):

    "Die Logik der Sozialwissenschaften". In: Kölner Zeitschrift für Soziologie und Sozialpsychologie (KZfSS) (14. Jg.), Heft 2, Köln. Seite 233 – 248.

PUCH, HANS-JOACHIM (1997):

    Organisation im Sozialbereich. Eine Einführung für soziale Berufe (2. Auflage), Freiburg im Breisgau (Lambertus).

ROSENSTIEL, LUTZ VON (2003):

    „Grundlagen der Führung." In: Rosenstiel, Lutz von; Regnet, Erika, Domsch, Michel E. (Hrsg.): Führung von Mitarbeitern. Handbuch für ein erfolgreiches Personalmanagement (5., überarb. Auflage). Stuttgart (Schäffer-Poeschel). Seite 5 – 25.

ROSENSTIEL, LUTZ VON (2003a):

    Grundlagen der Organisationspsychologie. Stuttgart (Schäffer-Poeschel).

ROSENSTIEL, LUTZ VON / MOLT, WALTER / RÜTTINGER, BRUNO (2005):

    Organisationspsychologie (9., vollständig überarb. u. erw. Auflage). Reihe: Grundriss der Psychologie; Band 22. Stuttgart (W. Kohlhammer).

SABEL, HERBERT (1999):

    Sprechen Sie mit Ihren Mitarbeitern (2. Auflage). Würzburg (Lexika).

SALDERN, MATTHIAS VON (1998):

    Führen durch Gespräche. Reihe: Betriebspädagogik aktuell; Band 3. Baltmannsweiler (Schneider).

SCHENK, MICHAEL (1990):

    „Telefon als Instrument der Sozialforschung." In: Forschungsgruppe
    Telekommunikation (Hrsg.): Telefon und Gesellschaft, Band 2: Internationaler Vergleich – Sprache und Telefon – Telefonseelsorge und Beratungsdienste – Telefoninterviews. Berlin (Volker Spieß). Seite 379 – 385.

SCHNELL, RAINER / HILL, PAUL B. / ESSER, ELKE (2005):

    Methoden der empirischen Sozialforschung (7., völlig überarb. und erw. Auflage). München (R. Oldenburg).

SCHULER, HEINZ (HRSG.) (2001):

    Lehrbuch der Personalpsychologie. Göttingen u.a. (Hogrefe).

SCHULER, HEINZ (HRSG.) (1991):

    Beurteilung und Förderung beruflicher Leistung. Stuttgart (Verlag für angewandte Psychologie).

SCHULZ VON THUN, FRIEDEMANN (2001):

    Miteinander reden 1. Störungen und Klärungen. Allgemeine Psychologie der Kommunikation (35. Auflage). Reinbek bei Hamburg (Rowohlt).

SCHULZ VON THUN, FRIEDEMANN / RUPPEL, JOHANNES / STRATMANN, ROSWITHA (2006):

    Miteinander reden: Kommunikationspsychologie für Führungskräfte (5. Auflage). Reinbek bei Hamburg (Rowohlt).

SELBACH, RALF / PULLIG, KARL-KLAUS (HRSG.) (1992):

    Handbuch Mitarbeiterbeurteilung. Wiesbaden (Gabler).

SOMMERFELD, PETER / HALLER, DIETER (2003):

    „Professionelles Handeln und Management." In: Neue Praxis. Zeitschrift für Sozialarbeit, Sozialpädagogik und Sozialpolitik (33. Jg.), Heft 1, Neuwied. Seite 61 – 89.

STRACHWITZ, RUPERT GRAF (1993):

    „Gemeinnützige Einrichtungen und ihre Struktur." In: Bayerischer Wohlfahrtsdienst (45. Jg.), Heft 6, München. Seite 56 – 62.

STRUTZ, HANS (HRSG.) (1993):

    Handbuch Personalmarketing. Wiesbaden (Gabler).

VER.DI (2006):

    Neugestaltung des Tarifrechts. Http://tarifrecht-oed.verdi.de/einkommen/ bezahlung_nach_leistung [Stand: 11.01.2006].

VON DER HEYDE, CHRISTIAN (2002):

    „Das ADM-Telefonstichproben-Modell." In: Gabler, Siegfried / Häder, Sabine (Hrsg.): Telefonstichproben. Methodische Innovationen und Anwendungen in Deutschland. Münster (Waxmann). Seite 46 – 58.

WATZLAWICK, PAUL / BEAVIN, JANET H. / JACKSON, DON D. (1996):

    Menschliche Kommunikation (9. Auflage). Bern (Huber).

WEINERT, ANSFRIED B. (1998):

    Organisationspsychologie. Ein Lehrbuch (4., vollst. überarb. und erw. Auflage). Weinheim (Psychologie Verlags Union).

WESTERHOFF, NIKOLAS (2006):

    „Dort, wo die Männer sind, ist die Macht." In: Psychologie heute (33. Jg.), Heft 1, Weinheim. Seite 28 – 32.

WÖHRLE, ARMIN (2003):

    Grundlagen des Managements in der Sozialwirtschaft. Baden-Baden (Nomos).

WUNDERER, ROLF / DICK, PETRA (1997):

„Frauen im Management. Besonderheiten und personalpolitische Folgerungen – eine empirische Studie." In Wunderer, Ralf; Dick, Petra (Hrsg.): Frauen im Management. Neuwied, Kriftel, Berlin (o.V.). Seite 5 – 205.

ZIMMER, ANNETTE / PRILLER, ECKHARD / HALLMANN THORSTEN (2001):

„Zur Entwicklung des Nonprofit-Sektors und den Auswirkungen auf das Personalmanagement seiner Organisation." In: Zeitschrift für Personalforschung (ZfP) (15. Jg.), Heft 3, Mering. Seite 207 – 224.

ZEH, JÜRGEN (1987):

„Stichprobenbildung bei Telefonumfragen." In: Angewandte Sozialforschung (14. Jg.), Heft 4, Wien. Seite 337 – 347.

ZINK, DIONYS (1985):

„Strukturelemente eines Heimes." In: Pädagogischer Rundbrief (35. Jg.), Heft Oktober/November, München. Seite 1 – 11.

Abbildungsverzeichnis

Abb. 1: Spezifische Personalstruktur in sozialen Einrichtungen 8

Abb. 2: Kommunikationsaufgaben von Führungspersonen 14

Abb. 3: Was Unternehmen/Mitarbeitende durch „Führen mit Zielvereinbarungen" gewinnen.... 35

Abb. 4: Häufigkeit der Durchführung von Mitarbeitergesprächen 56

Abb. 5: Durchführungsrhythmus von Mitarbeitergesprächen....................................... 57

Abb. 6: Nutzung eines Leitfadens zur Durchführung von Mitarbeitergesprächen 59

Abb. 7: Übersicht über vorhandene Leitfäden zur Gesprächsvorbereitung............................... 60

Abb. 8: Dauer der Mitarbeitergespräche 61

Abb. 9: Jahresübersicht der Mitarbeitergespräche 61

Abb. 10: Inhalte der Mitarbeitergespräche 62

Abb. 11: Anzahl der besprochenen Merkmale 63

Abb. 12: Gespräche mit Zielvereinbarungen.. 64

Abb. 13: Inhalte der Zielvereinbarungen 65

Abb. 14: Dokumentation des Mitarbeitergesprächs 66

Abb. 15: Durchführungshäufigkeit von Mitarbeitergesprächen auf nächsthöherer
Hierarchieebene 68

Abb. 16: Übersicht über die nächsthöheren Hierarchieebenen 68

Abb. 17: Durchführungsrhythmus von Mitarbeitergesprächen auf Einrichtungsebene.............. 69

Abb. 18: Durchführungsrhythmus von Mitarbeitergesprächen auf Trägerebene....................... 70

Abb. 19: Dauer der Mitarbeitergespräche auf nächsthöherer Hierarchieebene 71

Abb. 20: Jahresübersicht des zuletzt geführten Mitarbeitergesprächs 72

Abb. 21: Inhalte der Mitarbeitergespräche mit den Zielpersonen 72

Abb. 22: Anzahl der besprochenen Merkmale mit der Zielperson 73

Abb. 23: Gespräche mit Zielvereinbarungen auf nächsthöherer Ebene 74

Abb. 24: Inhalte der Zielvereinbarungen auf nächsthöherer Ebene 74

Abb. 25: Dokumentation des Mitarbeitergesprächs mit Zielperson 75

Abb. 26: Leitbild und Führungsleitbild in Einrichtungen 77

Abb. 27: Übersicht über rechtliche Grundlagen der Arbeitsverträge 77

Abb. 28: Geschlechterverteilung in Führungspositionen 78

Abb. 29: Anzahl der Mitarbeiter/innen der Führungskraft 78

Abb. 30: Qualifikationen der Führungskräfte... 79

Abb. 31: Dauer der Führungstätigkeit 80

Abb. 32: Besuch von Fortbildungen 80

Fragebogen für das Telefoninterview zum Thema ‚Mitarbeitergespräch'

Vor der ersten Frage:
- Erneuter Hinweis auf Anonymität
- Kurze Erläuterung bezüglich des Fragebogenaufbaus
- Mitarbeiterentwicklungsgespräch/Mitarbeiterjahresgespräch kurz umreißen: Gespräch über berufliche Situation und die Perspektiventwicklung des / der Mitarbeiters/in, ohne einen äußeren Anlass
- Gibt es vorab Fragen an mich? Fragen können auch während des Interviews gestellt werden.

A) Allgemeine Fragen zum Mitarbeitergespräch

1. Wie führen Sie ihre Mitarbeiterentwicklungsgespräche / Mitarbeiterjahresgespräche?

   O regelmäßig → in welchem Turnus:

   O unregelmäßig

   O gar nicht → weiter mit Fragenkomplex C, Frage 17

2. Welche äußeren Rahmenbedingungen und inneren Faktoren wirken Ihrer Meinung nach auf MA-Gespräche ein?

2. a) Äußere Faktoren / Rahmenbedingungen

2. b) Welche inneren Faktoren / Gefühle / Einstellungen etc. wirken Ihrer Meinung nach auf MA-Gespräche ein?

3. Haben Sie einen Leitfaden für die Durchführung?

   O ja   O nein   Anmerkung:

4. Hat der Mitarbeiter / die Mitarbeiterin einen Leitfaden zur Gesprächsvorbereitung?

   O ja   O nein

5. Führen Sie außerdem aus anderen Anlässen Mitarbeitergespräche durch?

   O ja   O nein

B) Folgende Fragen beziehen sich ganz konkret auf das <u>zuletzt</u> geführte Mitarbeitergespräch zwischen Ihnen und einem Ihrer Mitarbeiter / einer Ihrer Mitarbeiterinnen

6. Wie lange dauerte das Gespräch?

7. Wie lange liegt das Mitarbeitergespräch zurück?

8. Diese Frage bezieht sich darauf, worüber Sie mit ihrem Mitarbeiter / ihrer Mitarbeiterin gesprochen haben. Haben Sie gesprochen über:

a. Probleme, die bei der Arbeit des MA auftreten	☐ ja	☐ nein
b. Rückblick auf den vergangenen Zeitraum (seit letztem Gespräch)	☐ ja	☐ nein
c. Die Stärken des MA	☐ ja	☐ nein
d. Positive Aspekte, die bei der Arbeit aufgetreten sind	☐ ja	☐ nein
e. Die Schwächen des MA	☐ ja	☐ nein
f. Die gemeinsame Zusammenarbeit	☐ ja	☐ nein
g. Arbeitsschwerpunkte für den nächsten Zeitraum	☐ ja	☐ nein
h. Entwicklungsperspektiven des MA	☐ ja	☐ nein
i. Maßnahmen für eine Fort- und Weiterbildung	☐ ja	☐ nein
j. Das Erleben des MA von Ihnen als Führungskraft (Feedback)	☐ ja	☐ nein

k.   Vereinbarungen über die zukünftige Zusammenarbeit   ☐ ja   ☐ nein

9.   Haben Sie in diesem Gespräch Zielvereinbarungen getroffen?   ☐ ja   ☐ nein

Wenn ja, zu welchem Bereich? Wie viele?

Weiter mit Frage 12

Zum Bereich Arbeitsinhalt:

Zum Bereich Zusammenarbeit und Führung:

Zum Bereich Veränderungs- und Entwicklungsperspektiven:

Sonstige Ziele:

10. Sind Sie der Meinung, dass die in dem Gespräch getroffenen Vereinbarungen von dem Mitarbeiter / der Mitarbeiterin umgesetzt werden?

    O Ja

    O Nein   ➔ weshalb nicht?

    O weiß nicht

11. Überprüfen Sie die getroffenen Vereinbarungen?

    O Ja

    O Nein   ➔ weshalb nicht?

12. Haben Sie das Gespräch dokumentiert?

    O Ja   ➔ wie?

    O Nein   → weiter mit Frage 14

13. Erhält Ihr Mitarbeiter / Ihre Mitarbeiterin ein Duplikat?

    O Ja

    O Nein

14. Mitarbeitergespräche sollen die Motivation des Mitarbeiters / der Mitarbeiterin steigern. An welchen Punkten merken Sie dies?

15. Was sind Ihre wichtigsten Erfahrungen / Erkenntnisse zum Thema Mitarbeitergespräche?

16. Gibt es noch zusätzliche Aspekte oder Informationen, die Sie für erwähnenswert halten?

C) Folgende Fragen beziehen sich nun darauf, dass Sie in der Rolle des Mitarbeiters / der Mitarbeiterin sind und Ihr / Ihre (nächsthöhere/r) Vorgesetzte/r mit Ihnen ein Mitarbeitergespräch führt. Auch hier geht es ganz konkret um das letzte Mitarbeitergespräch.

17. Ist der / die nächsthöhere Vorgesetzte Führungskraft auf Trägerebene?   O ja   O nein

18. Wie werden mit Ihnen Mitarbeitergespräche geführt?

    O regelmäßig   ➔ in welchem Turnus:

    O unregelmäßig

    O gar nicht   → weiter mit Fragenkomplex E, Frage 28

19. Wie lange dauerte das zuletzt geführte Gespräch?

20. Wie lange liegt das Mitarbeitergespräch zurück?

21. Hat Ihr Vorgesetzter einen Leitfaden für die Durchführung?

    O ja   O nein   O weiß nicht

22. Haben Sie einen Leitfaden zur Gesprächsvorbereitung?

    O ja   O nein

23. Diese Frage bezieht sich darauf, worüber Sie mit ihrem Vorgesetzten / Ihrer Vorgesetzten gesprochen haben?

Haben Sie gesprochen über:

			ja	nein
a.	Probleme, die bei Ihrer Arbeit auftreten		☐ ja	☐ nein
b.	Rückblick auf den vergangenen Zeitraum (seit letztem Gespräch)		☐ ja	☐ nein
c.	Ihre Stärken		☐ ja	☐ nein
d.	Positive Aspekte, die bei der Arbeit aufgetreten sind		☐ ja	☐ nein
e.	Ihre Schwächen		☐ ja	☐ nein
f.	Die gemeinsame Zusammenarbeit		☐ ja	☐ nein
g.	Arbeitsschwerpunkte für den nächsten Zeitraum		☐ ja	☐ nein
h.	Ihre Entwicklungsperspektiven		☐ ja	☐ nein
i.	Maßnahmen für eine Fort- und Weiterbildung		☐ ja	☐ nein
j.	Feedback ihrerseits, wie Sie Ihren / Ihre Vorgesetzte/n erleben		☐ ja	☐ nein
k.	Vereinbarungen über die zukünftige Zusammenarbeit		☐ ja	☐ nein

24. Haben Sie in diesem Gespräch Zielvereinbarungen getroffen?   ☐ ja   ☐ nein

Wenn ja, zu welchem Bereich? Wie viele?

Zum Bereich Arbeitsinhalt:

Zum Bereich Zusammenarbeit und Führung:

Zum Bereich Veränderungs- und Entwicklungsperspektiven:

Sonstige Ziele:

25. Wurde das Gespräch dokumentiert?

    O Ja   ➔ wie?

    O Nein   → weiter mit Fragenkomplex D, Frage 27

26. Haben Sie ein Duplikat erhalten?

    O Ja   O Nein

D) Frage zum Führungsverhalten von männlichen und weiblichen Führungskräften

27. Gibt es Ihrer Meinung nach Unterschiede bei männlichen und weiblichen Führungskräften beim Führen von Mitarbeitergesprächen? Bitte beschreiben Sie diese!

E) Statistische Daten

E.I) Einrichtungsbezogene Angaben

28. Seit wann existiert Ihre Einrichtung?

29. Hat Ihre Einrichtung ein Leitbild?   O ja   O nein   O keine Angabe

30. Hat Ihre Einrichtung ein Führungsleitbild?   O ja   O nein   O keine Angabe

31.   O freier Träger   oder   O öffentlicher Träger

32. Welche Basis der Arbeitsverträge haben Sie

    O BAT / TVöD   O Bund/Land   O VKA   → weiter mit Frage 33

    O Haustarif   → weiter mit Frage 35

    O AVR   → weiter mit Frage 35

    O Sonstiges   → weiter mit Frage 35

    O keine Angabe   → weiter mit Frage 35

33. Kennen Sie die neuen Richtlinien im TVöD zum Mitarbeitergespräch?

    O ja   O nein   O keine Angabe

34. Wann wird Ihre Einrichtung die Richtlinien umsetzen?

    O wie gefordert   O weiß nicht   O keine Angabe

E.II) Personenbezogene Angaben

35. Geschlecht:

    O Männlich   O Weiblich   Alter:

36. Stellung innerhalb der Organisation:

37. Seit wann haben Sie diese Stellung inne?

38. Für wie viele Mitarbeiter/innen sind Sie zuständig?

39. Welche berufliche Qualifikation haben Sie?

40. Haben Sie eine Fort- oder Weiterbildung im Managementbereich gemacht?

    O Ja

    O Nein

41. Haben Sie Schulungen oder Fortbildungen in Mitarbeiterkommunikation besucht?

    O Ja

    O Nein